KB274110

노래로 배우는 독일어

Deutsch-Lernen mit Liedern

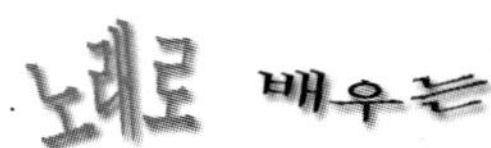

독일어

재판 6인쇄	2014년 7월 10일
재판 6발행	2014년 7월 15일

저자	정경량
발행인	서덕일

펴낸곳	도서출판 문예림
주소	서울시 광진구 능동로 29길 6 문예하우스 101호
전화	(02)499-1281~2
팩스	(02)499-1283
홈페이지	http://www.bookmoon.co.kr
Email	book1281@hanmail.net

출판등록	1962년 7월 12일 제 2-110호
ISBN	89-7482-097-8 (03760)

*잘못된 책은 구입하신 서점에서 교환하여 드립니다.

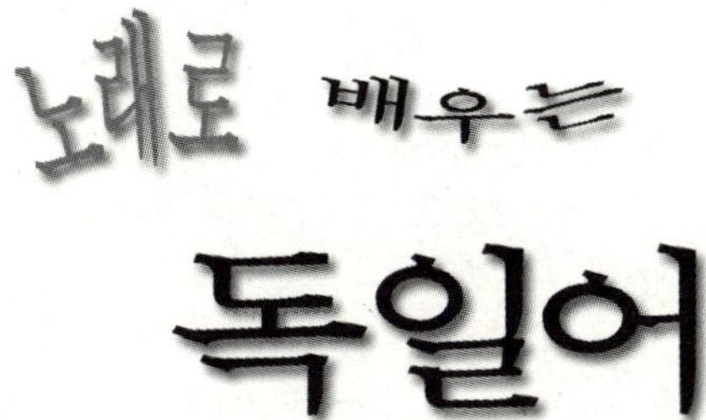

노래로 배우는 독일어

『노래로 배우는 독일어』는 저자가 직접 목원대학교 독일어 수업 시간에 교재로 활용하고 있는데, 학생들로부터 커다란 반응과 호응을 얻고 있다. 노래로 공부하는 우리의 독일어 시간은 흡사 '열린 음악회'와 같이 활기가 넘친다. 저자 역시 노래로 진행하는 이 독일어 수업처럼 즐겁고 재미있는 시간이 없는 것 같다.

이 책은 우리가 초·중·고등학교 시절에 배우는 독일 노래들을 위주로 해서, 특히 우리 모두가 거의 다 잘 알고 있는 독일 노래들만을 주로 골라 모아 놓은 것이다. 그러므로 이 책에 있는 독일 노래들은 누구라도 부담 없이 쉽고 친숙하게 접할 수 있는 노래들이다.

이 책에는 기타 코드가 첨부된 악보와 함께 총 38개의 독일 노래가 실려 있으며, 각 노래마다 독일어 가사를 수록하였다. 그리고 독일어 가사에 나오는 모든 〈어휘 및 문법〉을 자세하게 설명했으며, 그 독일어 가사를 모두 정확한 우리말로 〈번역〉하여 옮겼다. 또한 각 노래의 탄생 배경을 설명하는 가운데, 독일의 어문학적, 문화적, 음악적 관점에서 상세한 〈노래 해설〉을 하였으며, 아울러 각 노래의 〈작사자 소개〉와 〈작곡가 소개〉를 하였다. 경우에 따라 추가적으로 더 설명을 필요로 하는 내용들은 〈쉬어가는 마당〉에 여유 있게 서술해 놓았다. 또한 독일어 가사를 소리내어 읽는 데에 도움을 주기 위해, 필요한 경우 〈독일어 가사 낭독법〉을 제시하였다. 그리고 끝으로 노래 부르는 데에 도움을 주기 위해, 각 노래마다 〈노래 부르기〉 항목을 설정하여, 곡의 빠르기 및 적절하게 노래 부르는 방법을 제안하였다.

이 책에 나오는 노래는 독일어 가사의 언어적 수준과 노래의 음악적 난이도에 따라, 대체적으로 쉬운 노래로부터 어려운 노래의 순서로 배열되었다. 그러다 보니 대체적으로 쉬운 내용의 동요나 민요로부터 학생들의 노래나 성탄절 노래, 예술가곡 등의 순서로 배열이 된 듯하다.

아무쪼록 우리 나라 초, 중, 고등학교와 대학교의 독일어 시간 및 음악 시간에 『노래로 배우는 독일어』가 잘 활용되어, 재미있고 유익한 독일어 시간과 음악 시간이 되기를 바란다. 그리고 이 책을 통하여 독일어와 독일 노래 및 독일 문화 전반에 대한 학생들의 관심과 흥미가 높아지기를 바라는 마음 간절하다.

끝으로 사랑하는 나의 가족과 이 책을 펴내는 데에 여러모로 도움을 주신 분들, 그리고 이 책의 출판을 흔쾌히 허락해 주신 문예림 출판사 서덕일 사장님께 감사의 뜻을 표하는 바이다.

1998년 11월
정 경 량

『노래로 배우는 독일어』책을 펴낸 지 어느덧 여러 해가 지나갔습니다. 고등학교의 편중된 외국어 교육 상황으로 말미암아, 안타깝게도 우리의 독일어 교육 여건은 여전히 어렵기만 합니다. 하지만 "노래로 배우는 독일어"가 그 동안 많은 호응을 받아 전국의 여러 대학교와 고등학교 독일어 수업에 널리 확산·활용되고 있다는 것은 흐뭇한 일입니다. 또한 이 책을 계기로 하여 노래로 배우는 스페인어, 프랑스어, 이탈리아어, 일본어, 러시아어 등 "노래로 배우는 외국어" 교재들이 연이어 출간되었다는 것도 반가운 일이 아닐 수 없습니다.

개정판으로 내는 이 책의 형태와 내용은 초판과 거의 차이가 없습니다. 다만 초판에서 잘못되었던 글자나 빠진 글(자) 등을 바로잡거나 채워 넣었으며, 극히 일부분의 내용과 독일어 가사 번역에서 잘못되었거나 아쉬웠던 부분을 수정했을 뿐입니다. 그리고 이 책에 부착된 노래 테이프의 곡 중에서 10과, 23과, 36과의 노래 세 곡을 교체하였습니다.

앞으로도 이 책이 계속 활용되어 노래로 배우는 독일어 수업이 더욱 확대되기를 바라며, 더 나아가 이 책에 실려 있는 여러 장르의 다양한 독일 노래가 독일 시와 음악, 독일 문학과 음악, 독일 문화와 사회 등의 공부에도 활용되어, 인문학적 가치관과 아름다운 감성 및 인성 교육까지 제공할 수 있게 되기를 기대합니다.

끝으로 이 책에 실려 있는 독일 노래들을 여러분들이 자유롭게 배울 수 있도록

하기 위하여 저자가 직접 기타를 연주하면서 노래하여 동영상으로 제작한 "독일
노래 배워보기" 사이트 주소를 소개합니다.

"독일노래 배워보기" 사이트 주소: http://myhome.mokwon.ac.kr/kyc

2005년 1월

정 경 량

여기에 예시하는 수업 지도안은 수업을 받는 학생들의 규모나 나이, 취향이나 독일어 실력 등에 따라, 또 교사의 의도나 수업 목표에 따라 적절하게 변형시켜 활용할 수 있다는 전제 아래, 다음과 같은 순서의 수업 진행 방안을 제안합니다.

(1) 노래의 제목이나 가사의 내용을 중심으로, 다루고 있는 노래가 어떤 종류의 노래인가에 대해 학생들과 이야기를 나눈 다음, 노래를 들려준다.

(2) 독일어 가사의 발음과 억양 공부를 위하여, 교사가 노래 가사를 낭독하면 학생들이 따라 낭독한다.

(3) 학생들로 하여금 독일어 가사의 내용을 우리말로 풀이, 발표하도록 한다.

(4) 독일어 가사의 발음에 주의하고, 가사의 뜻을 생각하도록 하면서, 노래를 들려준다.

(5) 학생들로 하여금 노래를 들으면서 따라 부르도록 한다.

(6) 학생들로 하여금 독일어 가사를 외워 노래를 부르도록 한다.

Deutsch-Lernen mit Liedern

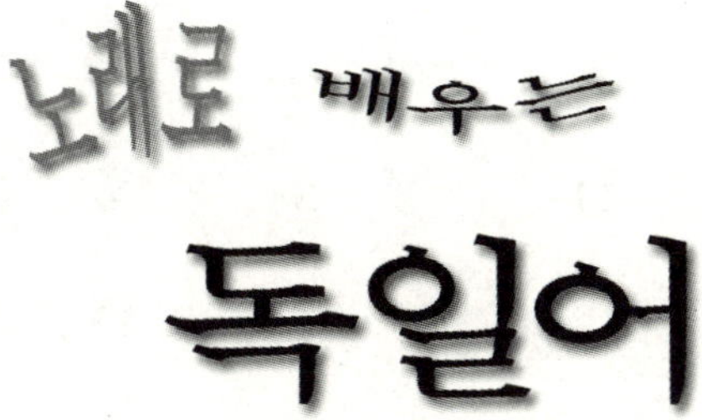

노래로 배우는
독일어

Das Alphabet

A	a	*A*	*a*	𝔄	𝔞	A	a	[ɑ:]
B	b	*B*	*b*	𝔅	𝔟	B	b	[be:]
C	c	*C*	*c*	ℭ	𝔠	C	c	[tse:]
D	d	*D*	*d*	𝔇	𝔡	D	d	[de:]
E	e	*E*	*e*	𝔈	𝔢	E	e	[e:]
F	f	*F*	*f*	𝔉	𝔣	F	f	[ɛf]
G	g	*G*	*g*	𝔊	𝔤	G	g	[ge:]
H	h	*H*	*h*	ℌ	𝔥	H	h	[hɑ:]
I	i	*I*	*i*	ℑ	𝔦	I	i	[i:]
J	j	*J*	*j*	𝔍	𝔧	J	j	[jɔt]
K	k	*K*	*k*	𝔎	𝔨	K	k	[kɑ:]
L	l	*L*	*l*	𝔏	𝔩	L	l	[ɛl]
M	m	*M*	*m*	𝔐	𝔪	M	m	[ɛm]
N	n	*N*	*n*	𝔑	𝔫	N	n	[ɛn]
O	o	*O*	*o*	𝔒	𝔬	O	o	[o:]
P	p	*P*	*p*	𝔓	𝔭	P	p	[pe:]

Q	q	*Qu*	*qu*	𝕼	q	Q	q	[ku:]
R	r	*R*	*r*	𝕽	r	R	r	[ɛr]
S	s	*S*	*s*	𝕾	s	S	s	[ɛs]
T	t	*T*	*t*	𝕿	t	T	t	[te:]
U	u	*U*	*u*	𝖀	u	U	u	[u:]
V	v	*V*	*v*	𝖁	v	V	v	[fau]
W	w	*W*	*w*	𝖂	w	W	w	[ve:]
X	x	*X*	*x*	𝖃	x	X	x	[iks]
Y	y	*Y*	*y*	𝖄	y	Y	y	[ypsilɔn]
Z	z	*Z*	*z*	𝖅	z	Z	z	[tsɛt]
Ä	ä	*Ä*	*ä*	𝕬̈	ä	Ä	ä	[ɛ:]
Ö	ö	*Ö*	*ö*	𝕺̈	ö	Ö	ö	[ø:]
Ü	ü	*Ü*	*ü*	𝖀̈	ü	Ü	ü	[y:]
	ß		*ß*		ß		ß	(estsɛt)

1. Das Abc

알파베트의 노래

1. A b c d e f g, h i j k l m n o p,

   q r s t u v w, q r s t u v w,

   x y - - z: Juchhe! Das ist hier das Abc.

2. A B C D E F G, H I J K L M N O P,

   Q R S T U V W, Q R S T U V W,

   X Y - - Z: Juchhe! Das ist hier das ABC.

Juchhe!: 기쁠 때 외치는 소리. 야호!, 만세!

(이 단어는 뒤 음절에 강세가 있다는 것에 주의할 것)

ist: sein동사의 3인칭 단수 현재형.

hier: 여기, 이곳에.

가사 번역

Abcdefg, hijklmnop,

qrstuvw, qrstuvw,

x y - - z: 야호! 이게 바로 알파베트로구나.

노래 해설

이 노래는 「알파베트의 노래 Das Abc」로서, 독일어 알파베트 소문자와 대문자를 익히는 가운데, 노래하면서 알파베트를 배우고자 하는 것이다.

노래 부르기

이 노래로 독일어 알파베트를 처음 배우는 학생들은 이 노래를 부를 때 독일어 알파베트의 명칭과 발음에 충분히 익숙해 질 때까지는 아주 느리게 불러야 한다. 그래야만 알파베트의 발음을 정확하게 익힐 수 있다. 그렇지 않으면 노래의 멜로디를 따라 자기도 모르게 정상적인 속도의 리듬으로 빨리 쫓아가려고 하기 때문에, 알파베트의 정확한 발음을 내기가 어려워진다. 따라서 이 노래는 독일어를 처

음 배우기 시작하는 학생들을 염두에 두고 최대한 천천히 불러야 하며, 이때 알파
베트 한 자, 한 자의 발음을 인식하면서 정확한 발음으로 부를 수 있도록 해야 한
다. 어느 정도 숙달이 되면 점차 정상적인 빠르기의 속도로 노래를 부르도록 한다.

2. O du lieber Augustin

사랑스런 아우구스틴

노래가사

1. O du lieber Augustin, Augustin, Augustin,

   O du lieber Augustin, Alles ist hin!

   Geld ist weg, Mäd'l ist weg, Alles weg, Alles weg,

   O du lieber Augustin, Alles ist hin!

2. O du lieber Augustin, Augustin, Augustin,

   O du lieber Augustin, Alles ist hin!

   Stock ist weg, Rock ist weg, Augustin liegt im Dreck,

   O du lieber Augustin, alles ist hin!

어휘 및 문법

o: 오, 아.(경악, 찬탄, 환희, 원망, 동경, 희망, 동정, 고통, 불쾌, 의문, 조소 따위
를 나타낼 때 부르짖는 소리로서, 보통 다른 말 앞에 놓인다; 단독으로는 oh!
가 쓰임.)

du: 인칭대명사의 2인칭 단수 1격형. 보통 가족, 친구 등의 친밀한 사이 또는 하
느님 및 어린이에 대하여만 사용함. 너, 자네, 그대.

lieb: 사랑하는, 사랑스러운.

alles: 모든 것.

hin: 사라져 버리다, 없어지다.

das Geld: 돈.

weg: 가버리다, 떠나버리다.

das Mäd'l: das Mädel의 준말. das Mädchen의 남부 독일어형. (작은) 아가
씨, 소녀.

der Stock: 막대기, 지팡이, 자본, 밑천. 여기에서는 지팡이와 돈의 의미가 함께
함축되어 있다고 할 수 있음.

der Rock: (남자용) 상의, 웃옷, (부인용) 스커트.

der Dreck: 오물, 진창.

가사 번역

오, 사랑스런 아우구스틴, 아우구스틴, 아우구스틴,

오, 사랑스런 아우구스틴, 모든 게 사라져 버렸구나!

돈도 떨어지고, 아가씨도 떠나가고, 모든 게 떠나갔구나, 모든 게 떠나가,

오, 사랑스런 아우구스틴, 모든 게 사라져 버렸구나!

오, 사랑스런 아우구스틴, 아우구스틴, 아우구스틴,

오, 사랑스런 아우구스틴, 모든 게 사라져 버렸구나!

지팡이도 떨어져, 웃옷도 떨어져, 아우구스틴은 곤경에 빠졌구나,

오, 사랑스런 아우구스틴, 모든 게 사라져 버렸구나!

노래 해설

「사랑스런 아우구스틴 O du lieber Augustin」이라는 제목의 이 노래는 "동무들아 오너라…"로 시작하는 노래 가사로 우리에게 알려져 있다. 아우구스틴은 17세기의 인물로서 유랑하는 음유 악인 혹은 방랑 악사였다. 그는 - 전설인지 사실이었는지는 모르지만 - 당시 흑사병이 퍼져 전염이 되는 위험한 상황이었음에도 불구하고 노래로써 흑사병을 이겨냈다고 한다.

노래 부르기

"왈츠의 움직임으로 Walzerbewegung" 부르도록 제시되어 있는 이 노래는 4분의 3박자 곡이다. 그러므로 이 노래는 왈츠 춤의 '궁작작' 동작을 생각하면서, '강약약'의 리듬으로 부르도록 하자.

'Augustin'은 '강약약'으로 부르자:

1998년도 목원대 독문과 1학년 학생들은 독일어 수업 시간에 기타 반주에 맞추어 이 노래를 몇 번 부르자, 뒷자리에 앉은 몇몇 학생들은 아예 장단까지 맞춰가면서 흥겹게 이 노래를 불렀다. 이때 학생들은 노래 가사의 첫 행에 반복해서 나오는 'Augustin'의 마지막 음절 'tin'에 장단을 맞추어 강하게 불렀는데, 이것은 장단을 잘못 맞춘 것이다. 이 노래는 '강약약'으로 부르는 4분의 3박자 노래인데다가, 'Augustin' 또한 맨 앞 음절 'Au'에 강세가 있는 단어이기 때문에, 끝 음절 'tin'을 강하게 할 것이 아니라 맨 앞 음절 'Au'를 강하게 소리 내어 불러야 한다.

왈츠(der Walzer)란?

왈츠는 중간 빠르기의 3박자 무곡 및 그 춤을 가리키는 것으로서 "원무곡"이라고도 한다. 춤의 특색은 남녀가 서로 껴안는 듯한 자세를 취하고, 중심을 물결처럼 이동시키면서 원을 그리며 추는 데 있다. 왈츠의 기원은 18세기 중엽 독일의 바이에른 지방과 오스트리아에서 추던 느린 3박자의 렌틀러(Ländler: '시골에서 추는 춤(ländlicher Tanz)'이라는 뜻) 등 일반적으로 독일무곡이라고 총칭되는 무곡에서 비롯되었다. 실제로 왈츠라는 낱말이 쓰이기 시작한 것은 1780년경이며, '돌다, 회전하다'라는 뜻의 'walzen'이 그 어원이다. 이 왈츠는 새로운 사교 댄스로서 급속히 유행하게 되었지만, 한편으로는 부도덕하다는 이유로 탄압을 받기도 하였다. 그러나 1814-15년에 걸쳐 개최된 빈 회의를 계기로 유럽 전역에 퍼져 모든 계층의 사람들이 추게 되었다.

3. Kuckuck, Kuckuck

뻐꾹, 뻐꾹

노래가사

1. Kuckuck, Kuckuck, ruft aus dem Wald.

   Lasset uns singen, tanzen und springen!

   Frühling, Frühling, stelle dich ein!

2. Kuckuck, Kuckuck, läßt nicht sein Schrei'n:

   Komm' in die Felder, Wiesen und Wälder!

   Frühling, Frühling, stelle dich ein!

3. Kuckuck, Kuckuck, trefflicher Held!

   Was du gesungen, ist dir gelungen:

   Winter, Winter, räumet das Feld.

어휘 및 문법

Kuckuck!: 뻐꾹뻐꾹(뻐꾸기 울음소리).

der Kuckuck: 뻐꾸기

ruft: rufen의 3인칭 단수 현재형. 외치다, 부르다, (동물, 특히 사슴, 뻐꾸기, 올
  빼미 따위가) 울다.

der Wald: 숲, 수풀, 삼림.

Lasset: 원래는 Laßt인데 노래의 리듬을 맞추기 위해 Lasset가 된 것임.

singen: 노래하다.

tanzen: 춤추다.

springen: (껑충) 뛰다, 뛰어오르다, 솟다.

der Frühling: 봄.

stelle dich ein: sich einstellen(자태를 나타내다, 출석하다, 오다, 생기다)의
  2인칭 단수 명령형. 오너라, 나타나라!

läßt: lassen(그만두다, 그대로 두다)의 3인칭 단수 현재형.

schreien: 외치다.

komm': kommt의 준말. kommen(오다)의 2인칭 복수 명령형. 오너라!

die Felder: das Feld(들, 평야)의 복수형.

die Wiesen: die Wiese(초원, 목초지)의 복수형.

die Wälder: der Wald(숲, 수풀, 삼림)의 복수형.

trefflich: 훌륭한, 우수한.

der Held: 영웅, 용사, 주인공.

gesungen: singen(노래하다)의 과거분사형. 리듬을 맞추기 위하여 gesungen
다음에 hast가 생략되었음.

gelungen: gelingen(잘 되다, 성공하다)의 과거분사형.

der Winter: 겨울.

räumet: räumen(제거하다, 소제하다, 비우다)의 3인칭 단수 현재형. 노래의 리
듬을 맞추기 위하여 räumt에 e가 첨가된 것임.

das Feld: 들, 평야.

가사 번역

뻐꾹, 뻐꾸기가, 숲에서 부른다.
노래하고, 춤추며, 뛰자!
봄, 봄아, 어서 오너라!

뻐꾹, 뻐꾸기가, 우는 소리 그치지 않는다:
들판으로, 초원으로, 숲으로 오너라!
봄, 봄아, 어서 오너라!

뻐꾹, 뻐꾸기, 훌륭한 영웅아!
네가 노래로 한 것이, 제대로 이루어졌으니:
겨울, 겨울이 물러간다.

노래 해설

「뻐꾹, 뻐꾹 Kuckuck, Kuckuck」이라는 제목의 이 노래는 옛날 독일 민요곡으로서, "뻐꾹, 뻐꾹, 봄이 왔네…" 라는 노래 가사로 우리에게 잘 알려져 있다.

작사자 소개

호프만 폰 팔러스레벤 Hoffmann von Fallersleben(1798-1874):

독일의 시인, 독문학자. 본명은 아우구스트 하인리히 호프만 August Heinrich Hoffmann이지만, 그의 출생지인 팔러스레벤을 첨부하여 대개 호프만 폰 팔러스레벤('팔러스레벤 출신의 호프만' 이라는 뜻임)이라고 부른다. 호프만은 그림 형제 Brüder Grimm와 베네케 G. F. Benecke 등의 영향을 받아 오래된 옛 독일 문학과 민속 문학에 주의를 기울이게 되었으며, 평생 동안 전래된 민요나 민속 문학에 특별한 관심을 기울였다.

1830년 브레슬라우에서 독어독문학 교수가 되었으나, 1842년 그의 『비정치적 노래 Unpolitische Lieder』 출간으로 인하여 해고 당했으며, 그 도시로부터 추방 당하였다. 호프만 폰 팔러스레벤은 독일 노래의 역사에 대한 논문을 썼으며, 자유와 애국심을 고취하는 애국시 및 경쾌한 노래 가사와 소박한 민요풍의 시를 썼다.

그는 또한 무엇보다도 독일 애국가의 가사를 쓴 시인으로 널리 알려지게 되었다.

노래 부르기

이 노래에서는 특히 'Frühling'의 발음에 주의하도록 한다. 뻐꾸기 소리와 함께 봄을 맞이하는 내용의 노래이므로, 밝고 경쾌한 마음으로 부르도록 하자.

Kuk - kuck?
악보상에 나와 있는 이 'Kuk - kuck'은 원래의 단어 'Kuckuck"을 잘못 쓴 것이 아니라, 분철을 하게 된 관계로 'c'가 'k'로 바뀌게 된 것이다.

4. O Tannenbaum

소나무

Worte: J. A. Zarnack und E. Anschütz
Weise: Volkstümlich etwa um 1800

노래가사

1. O Tannenbaum, o Tannenbaum!

   Wie treu sind deine Blätter!

   Du grünst nicht nur zur Sommerszeit,

   Nein auch im Winter, wenn es schneit.

   O Tannenbaum, o Tannenbaum,

   Wie treu sind deine Blätter!

2. O Tannenbaum, o Tannenbaum!

   Du kannst mir sehr gefallen.

   Wie oft hat nicht zur Weihnachtszeit

   Ein Baum von dir mich hoch erfreut!

   O Tannenbaum, o Tannenbaum,

   Du kannst mir sehr gefallen!

3. O Tannenbaum, o Tannenbaum!

Dein Kleid kann mich was lehren:

Die Hoffnung und Beständigkeit

Gibt Trost und Kraft zu jeder Zeit.

O Tannenbaum, o Tannenbaum!

Das soll dein Kleid mich lehren.

어휘 및 문법

der Tannenbaum: 전나무.

wie: 야, 참, 얼마나.(감탄의 뜻으로 쓰임)

treu: 충실한, 신실한, 신의 있는, 신뢰를 지키는.

sind: sein동사의 3인칭 복수 현재형.

dein: 인칭대명사 2인칭 단수 du의 소유대명사. 너의.

die Blätter: das Blatt의 복수. 잎.

grünst: grünen(녹색을 내다. 푸릇푸릇하다)의 2인칭 단수 현재형.

nicht nur … nein<sondern> auch: …뿐만 아니라 …도 또한.(영어의 not
         only … but also에 해당함)

zur: zu der의 준말.

der Sommer: 여름.

die Sommerszeit: 여름철.

der Winter: 겨울.

wenn: …할 때에.

Es schneit: 눈이 온다.

kannst: können(…할 수 있다)의 2인칭 단수 현재형.

mir: 인칭대명사 1인칭 단수 ich의 3격형. 나에게.

sehr: 매우, 심히, 아주.

jm. gefallen: …의 마음에 들다.

oft: 자주.

die Weihnachtszeit: 성탄절.

ein Baum von dir: = ein Baum wie du. 너와 같은 나무.

dir: 인칭대명사 2인칭 단수 du의 3격형.

erfreut: erfreuen(기쁘게 하다)의 과거분사형.

das Kleid: 의복, 옷.

lehren: 가르치다.

die Hoffnung: 희망, 기대.

die Beständigkeit: 영속, 불변, 고정, 끈기, 성실.

gibt: geben(주다)의 3인칭 단수 현재형.

der Trost: 신뢰, 위로, 위안.

die Kraft: 힘.

zu jeder Zeit: 언제나, 언제든지.

가사 번역

오, 소나무, 오, 소나무야!
너의 잎들은 참으로 신실(信實)하구나!
너는 여름철만이 아니라,
눈이 내리는 겨울에도 푸르구나.
오, 소나무, 오, 소나무야,
너의 잎들은 참으로 신실하구나!

오, 소나무, 오, 소나무야!
너는 참으로 내 맘에 드는구나.
너와 같은 나무는 성탄절뿐만 아니라
얼마나 자주 나를 그토록 즐겁게 해 주었는지 모른단다!
오, 소나무, 오, 소나무야,
너는 참으로 내 맘에 드는구나!

오, 소나무, 오, 소나무야!
네 옷은 나에게 뭔가를 가르쳐주나니:
희망과 지속성이라
언제나 위로와 힘을 주는구나.
오, 소나무, 오, 소나무야!
이것이 바로 네 옷이 나에게 가르쳐주는 것이로구나.

노래 해설

이 노래 「소나무 O Tannenbaum」는 "소나무야, 소나무야, 언제나 푸른 네 빛…"이라는 가사로 초등학교 시절부터 우리가 친숙하게 알고 있는 노래이다. 이 노래는 약 1800년경의 독일 민요에 짜르나크 A. Zarnack가 1820년에 총 4절로 된 가사를 붙여 만들었는데, 그 후 에른스트 안쉬츠 Ernst Anschütz(라이프치히 교사)가 1절 가사만 그대로 남겨둔 채, 나머지 3절은 없애고 그 대신 새롭게 2, 3절 가사를 붙이고 나서부터 유명한 "성탄절 노래 Weihnachtslied"가 되었다. 그리하여 '전나무 Tannenbaum'는 독일 성탄절 노래 속에서 크리스마스를 상징하는 최초의 상징물이 되었다.

이 노래는 사시사철 늘 푸른 상록수 '전나무 Tannenbaum'의 변함없는 '신실성'(Treue)을 상징적으로 노래한 것이다. 이 노래의 제1절 제2행 가사에 나오는 "treu"라는 말이 바로 이것을 나타낸다. 한편 '푸른 색(Grün)'은 독일에서 '희망'(Hoffnung)을 상징한다. 그래서 이 노래는 제3절 가사에서 전나무의 푸른 색이 또한 변함없는 '희망'을 가르쳐준다고 노래하는 것이다. 따라서 이 노래는 결국 가사 전체를 통하여 우리에게 언제나 변함없는 '신실성'과 '희망'을 일깨우고 있다.

독일어 가사 낭독법

이 노래 「소나무 O Tannenbaum」의 독일어 가사는 전체가 다 정확하게 '약강, 약강'으로 진행되는 '약강격'의 율격으로 되어 있다. 그러므로 이 노래의 독일어 가사를 소리내어 읽을 때에는 이 '약강격'의 운율을 살려 낭송하도록 한다.

노래 부르기

이 노래 「소나무 O Tannenbaum」는 독일어 가사가 우리에게 주는 의미를 음미하면서, 중간 정도의 빠르기(모데라토)로 "정확하고 의젓하게"(gemessen) 부르도록 하자.

"Tannenbaum"은 '소나무' 인가 '전나무' 인가?

'Tannenbaum' 은 식물학적인 관점에서 볼 때 소나무가 아니라 전나무라고 해야 사실상 맞다고 한다.(이것은 목원대 생명과학부 (식물분류학 전공) 심정기 교수의 도움을 받아 확인한 것임) 그러나 이 노래에서 'Tannenbaum' 은 늘 푸른 상록수를 상징하고 있고, 우리나라에 예전부터 전해져 온 상록수의 상징성으로는 전나무보다 소나무가 더 일반적으로 알려져 있기에, 'Tannenbaum' 을 '소나무' 라고 번역했다.

독일에서 색깔의 상징은?

녹색(Grün) : 희망(Hoffnung)
파란색(Blau) : 신실성(Treue)
빨강색(Rot) : 사랑(Liebe)
노랑색(Gelb) : 거짓, 오류(Falschheit)
흰색(Weiß) : 무죄, 순결, 결백(Unschuld)
검은색(Schwarz) : 슬픔, 비애, 비통(Trauer)

5. Arm aber froh und frei

가난하지만 즐겁고 자유롭게

노래가사

1. Drunten im Unterland, da ist's halt fein.

   Drunten im Unterland, da ist's halt fein.

   Schlehen im Oberland, Trauben im Unterland;

   drunten im Unterland mö cht' ich wohl sein!

2. Drunten im Neckartal, da ist's halt gut.

   Drunten im Neckartal, da ist's halt gut.

   Ist mer's da oben 'rum manchal au no so dumm,

   Han i doch alleweil drunten gut's Blut.

3. Kalt ist's im Oberland, drunten ist's warm;

   Kalt ist's im Oberland, drunten ist's warm;

   Oben sind d'Leute so reich, d'Herzen sind gar net weit

   B'sehnt mi net freundlich an, werdet net warm.

4. Aber da unten 'rum, da sind d'Leut arm,

Aber da unten ’rum, da sind d’Leut arm,

Aber so froh und frei, und in der Liebe treu;

Drum sind im Unterland d’Herzen so warm.

어휘 및 문법

drunten: = darunten. 저 아래(쪽)에, 밑에.

das Unterland: 낮은 지대.

da: 거기(에), 저기(에).

halt: 정말로, 진실로, 아마도, 어쩌면.(방언)

fein: 좋은, 훌륭한, 우아한, 근사한.

die Schlehen: die Schlehe의 복수. 인목(나무)의 열매.

das Oberland: 높은 지대.

die Trauben: die Traube의 복수. 포도.

wohl: 좋게, 훌륭히, 잘.

der Neckar: 라인강의 한 지류 이름.

das Tal: 골짜기, 계곡.

das Neckartal: 네카강 골짜기

manchmal: 가끔, 때때로.

dumm: 우둔한, 어리석은. 여기에서는 불쾌한(unangenehm)의 뜻으로 쓰인
것임.

alleweil: = immer. 언제나.

das Blut: 피. 여기에서는 감정(Gefühl)의 뜻으로 쓰인 것임.

〈2절, 3-4행〉

Ist mer's da oben 'rumanchmal au no so dumm,

Han i doch alleweil drunten gut's Blut.(방언)

= Ist es mir da oben herum manchmal auch noch so dumm,

Hab' ich doch immer drunten gutes Blut.(표준어 번역)

kalt: 추운, 찬, 싸늘한.

warm: 더운, 따뜻한.

die Leute: 사람들.

reich: 풍부한, 부유한.

die Herzen: das Herz(심장, 가슴, 마음)의 복수형.

freundlich: 친절한, 친한.

〈3절, 3-4행〉

Oben sind d'Leute so reich, d'Herzen sind gar net weit

B'sehnt minet freundlich an, werdet net warm.(방언)

= Oben sind die Leute so reich, die Herzen sind gar nicht weit

Sehen mich nicht freundlich an, (ich) werde nicht warm.(표준어 번역)

aber: 그러나.

arm: 가난한, 빈약한, 불쌍한.

froh: 기뻐하는, 즐거운.

frei: 자유로운.

die Liebe: 사랑, 애정.

treu: 신실한, 충실한, 성실한.

가사 번역

저 아래 아랫마을, 거긴 정말 좋다.

저 아래 아랫마을, 거긴 정말 좋다.

윗마을에는 인목나무 열매인데, 아랫마을에는 포도가 있으니;

나는 저 아래 아랫마을에서 쾌적하게 살고 싶다!

저 아래 네카강 골짜기, 거긴 정말 좋다.

저 아래 네카강 골짜기, 거긴 정말 좋다.

저 위에서는 또 내가 종종 상당히 불쾌감을 느끼지만,

저 아래에서는 언제나 나는 기분이 좋다.

윗마을은 춥고, 저 아래는 따뜻하다;

윗마을은 춥고, 저 아래는 따뜻하다;

윗마을 사람들은 아주 부자인데, 마음은 전혀 넉넉하지 않으며

나를 친절하게 바라보지도 않아, 나는 마음이 훈훈하게 되지 않는다.

그러나 저 아래쪽 마을, 거기 사람들은 가난하다,

그러나 저 아래쪽 마을, 거기 사람들은 가난하다,

그러나 그토록 즐겁고 자유로우며, 사랑의 신뢰를 지킨다;
그러므로 아랫마을 사람들은 마음이 그토록 훈훈하다.

노래 해설

「가난하지만 즐겁고 자유롭게 Arm aber froh und frei」라는 제목의 이 노래는
"깊은 산속 옹달샘, 누가 와서 먹나요…" 라는 가사로 우리가 친숙하게 잘 알고 있
는 곡이다. 이 노래는 19세기 독일 쉬바벤 지방의 민요였는데, 테오도르 고트리프
바이글레 Theodor Gottlieb Weigle가 1835년에 새롭게 가사를 개작한 것이다.

노래 부르기

이 노래는 4분의 3박자 '강약약'의 춤곡(Tanzmelodie)처럼 "약간씩 움직이면
서"(Etwas bewegt) 부르도록 제시되어 있다. 아주 소박하고도 아름다운 곡으로
서 우리가 즐겨 부르는 이 노래는 가사 내용도 아주 훌륭하다. 그러므로 우리가 혹
1절의 가사만을 중심으로 이 노래를 배우며 익힐지라도, 2 · 3 · 4절의 가사 전체
내용을 모두 염두에 두고, 그 가사의 의미를 생각하면서 노래를 부르도록 하자.

6. Heidenröslein

들장미

Text: Johann Wolfgang von Goethe, 1771
Melodie: Heinrich Werner, 1827

노래가사

1. Sah ein Knab' ein Röslein stehn,

Röslein auf der Heiden,

War so jung und morgenschön,

Lief er schnell es nah zu sehn,

Sah's mit vielen Freuden,

Röslein, Röslein, Röslein rot,

Röslein auf der Heiden.

2. Knabe sprach: "Ich breche dich,

Röslein auf der Heiden!"

Röslein sprach: "Ich steche dich,

Daß du ewig denkst an mich,

Und ich will's nicht leiden."

Röslein, Röslein, Röslein rot,

Röslein auf der Heiden.

3. Und der wilde Knabe brach

's Röslein auf der Heiden.

Röslein wehrte sich und stach,

Half ihm doch kein Weh und Ach,

Mußt' es eben leiden.

Röslein, Röslein, Röslein rot,

Röslein auf der Heiden.

어휘 및 문법

sah: sehen(보다)의 3인칭 단수 과거형. 보았다. 여기서는 sah 앞에 문법상의
　　주어인 es가 생략되었음.

der Knab': der Knabe의 준말. 사내아이, 소년.

das Röslein: die Rose의 축소명사형. 작은 장미.

stehen: 서다, 서있다.

die Heide: 황야, 황무지. auf der Heiden에서 - n은(18세기 독일어의) 단수3
　　격어미.

jung: 젊은, 싱싱한.

morgenschön: 아침처럼 아름다운.(괴테가 만들어낸 말임)

lief: laufen(달리다)의 3인칭 단수 과거형.

schnell: 빨리, 신속하게.

nah(e): 가까운, 가까이.

die Freude: 기쁨, 즐거움.

rot: 붉은.

sprach: sprechen(말하다)의 3인칭 단수 과거형.

breche: brechen(꺾다, 부수다)의 1인칭 단수 현재형.

steche: stechen(찌르다)의 1인칭 단수 현재형.

ewig: 영원히, 영원한.

an jn. denken: …를 생각하다.

will: wollen(원하다, …하고자 하다)의 1인칭 단수 현재형.

leiden: 참다, 견디다, 괴로움을 받다.

wild: 거친, 야생의, 사나운.

brach: brechen(꺾다, 부수다)의 3인칭 단수 과거형.

sich wehren: 저항하다.

stach: stechen(찌르다)의 3인칭 단수 과거형.

jm. helfen: …를 도와주다.

doch: 그래도, 하지만, 그러나.

das Weh: 비탄(의 부르짖음), (육체적인) 아픔, 고통.

das Ach: 환희, 경악, 의외, 비탄으로 인하여 내는 소리.

Ach und Weh schreien: 비명을 지르다.

mußt': mußte의 준말. müssen(…해야만 한다)의 3인칭 단수 과거형.

eben: 바로, 진정, 정말로.

가사 번역

1절

한 소년이 장미를 보았네,
들에 핀 장미,
너무도 싱싱하고 해맑아,
소년은 가까이 보려고 달려갔네,
기쁨에 겨워 바라보았네,
장미, 장미, 붉은 장미,
들에 핀 장미.

2절

소년이 말했네: "널 꺾을 테야,
들에 핀 장미!"
장미가 말했네: "널 찌를테야,
나를 영원히 잊지 못하도록,
난 고통 당하지 않을 거야."
장미, 장미, 붉은 장미,
들에 핀 장미.

3절

난폭한 소년은 꺾고 말았네
들에 핀 장미를.
장미는 저항하며 찔렀네,
하지만 비명 소리도 헛되이,
그저 고통을 당해야만 했네.

장미, 장미, 붉은 장미,
들에 핀 장미.

노래 해설

이 노래는 괴테 Johann Wolfgang von Goethe(1749-1832)가 쓴 시 「들장미 Heidenröslein」를 하인리히 베르너 Heinrich Werner(1800-1833)가 작곡한 것이다. 우리에게는 "웬 아이가 보았네, 들에 핀 장미화…"라는 가사로 잘 알려져 있다. 이 「들장미」는 괴테가 젊은 시절 쉬트라스부르크에서 대학에 다닐 때(1771년, 21살 때), 제젠하임 Sesenheim 목사의 딸인 16살 프리데리케 브리온 Friederike Brion이라는 아가씨와의 사랑에서 나온 시이다. 이 괴테 시는 슈베르트 Schubert 를 비롯하여 슈만 Schumann, 하우프트만 Moritz Hauptmann(1792-1868) 등 여러 작곡가에 의해 작곡이 되었는데, 베르너가 1827년에 작곡한 이 노래가 슈베르트의 가곡과 더불어 우리에게 가장 널리 알려져 있다.

작사자 소개

괴테 Johann Wolfgang von Goethe(1749-1832):

독일의 시인, 소설가, 극작가. 쉬트라스부르크 대학 시절 헤르더를 만나게 되어, 문학의 모체로서 민요와 민족 문화의 중요성에 대해 눈을 뜨게 되었다. 이 시절 동시에 목사의 딸인 프리데리케 브리온과의 사랑은 시혼(詩魂)을 뒤흔들었고, 독일 근대시사(近代詩史)에 새로운 바람을 불어넣는 수많은 주옥같은 서정시를 낳았다.

작곡자 소개

하인리히 베르너 Heinrich Werner(1800-1833):

독일의 작곡가. 음악교사로서 가곡도 작곡하고 합창도 지휘했는데, 현재는 이 노래「들장미」하나로 그의 이름이 알려져 있다.

독일어 가사 낭독법

이 노래「들장미 Heidenröslein」의 독일어 가사는 전체가 모두 정확하게 '강약, 강약' 으로 진행되는 '강약격' 의 율격으로 되어 있다. 그러므로 이 노래의 독일어 가사를 낭독할 때에는 이 '강약격' 의 운율을 살려 낭송하도록 한다. 한편 이 노래에는 "Röslein"(작은 장미)이라는 단어가 많이 나오는데, 이 단어는 우리에게 아주 어려운 독일어 발음 [r]로 시작한다. 이 독일어 [r] 발음은 영어의 [r] 발음이나 우리말의 [ㄹ] 발음과는 상당히 다르므로 특히 주의해야 한다. 이 [r] 발음을 잘 하기 위해서는 혀끝이 떨릴 정도로 최대한 혀를 굴려야만 한다. 이 발음이 잘 되어야만 이 노래를 제대로 멋있게 부를 수 있다.

노래 부르기

민요풍의 단순, 소박하고 아름다운 선율의 이 노래「들장미 Heidenröslein」는 "사랑스럽게"(lieblich) 부르도록 제시하고 있다. 이 노래를 부를 때에는 독일어 가사를 낭송할 때와 마찬가지로 '강약' 의 리듬을 살려서, 안단테의 빠르기로 약간 느리게 부르도록 하자.

괴테와 프리데리케 브리온 :

괴테는 프리데리케 브리온과의 사랑 이야기를 그의 자서전적 작품인 『시와 진실 Dichtung und Wahrheit』(제10-12편)에 적어 놓았다. 괴테는 1770년 10월에 그녀를 만나, 그 다음 해인 1771년 8월에 헤어졌다. 괴테가 쉬트라스부르크에서 손수 장미를 그린 리본을 편지와 함께 그녀에게 선물로 주었을 때, 프리데리케는 "우리를 맺어 주는 이 리본이 결코 약한 장미 리본이 아니기를!" 하고 속삭였다. 그러나 이제 그녀에 대한 열정이 식어버린 괴테는 "나는 떠나는데, 그대는 고개를 떨구고 선 채 눈물어린 눈으로 나를 전송했다"고 제젠하임의 노트에 기록했다. 괴테가 일방적으로 떠난 후 프리데리케는 그 상처로 인하여 평생 동안 혼자 살았고, 이 일로 인하여 괴테는 오랫동안 죄책감을 느꼈다고 한다.

독일어 [r] 발음 :

이 독일어 〔r〕 발음은 성악가가 노래할 때나 연극 배우가 무대 위에서 대사를 말할 때에 (언어 전달 효과와 미적 음향 효과를 높이기 위하여) 특히 심하게 혀를 굴려서 발음을 하고, 그 외 평상시에는 그보다 약하게 혀를 굴려 발음한다.

7. Wenn ich ein Vöglein wär'

이 몸이 새라면

Text: Aus "Des Knaben Wunderhorn"
Melodie: Joh. Friedrich Reichardt, 1800

노래가사

1. Wenn ich ein Vöglein wär'

   Und auch zwei Flüglein hätt',

   Flög' ich zu dir;

   Weil's aber nicht kann sein,

   Weil's aber nicht kann sein,

   Bleib' ich allhier.

2. Bin ich gleich weit von dir,

   Bin ich doch im Schlaf bei dir

   Und red' mit dir;

   Wenn ich erwachen tu,

   Wenn ich erwachen tu,

   Bin ich allein.

3. Es vergeht keine Stund' in der Nacht,

　　Da nicht mein Herz erwacht

　　Und an dich gedenkt;

　　Daß du mir vieltausendmal,

　　Daß du mir vieltausendmal,

　　Dein Herz geschenkt.

어휘 및 문법

wenn: 만약 …이라면, …일 때에는, …일 경우에는.

das Vöglein: der Vogel의 축소명사형. (작은) 새.

auch: …도, 또한, 역시.

das Flüglein: der Flügel의 축소명사형. (작은) 날개.

wär': wäre의 준말. sein의 접속법 2식형.

hätt': hätte의 준말. haben의 접속법 2식형.

flög': flöge의 준말. fliegen(날아가다)의 접속법.

zu: …쪽으로, …을 향하여.

dir: 인칭대명사 2인칭 단수 du의 3격형. 너에게.

kann: 화법조동사 können(…할 수 있다)의 3인칭 단수 현재형. 문법상으로 볼

　　　때는 이 kann이 그 다음 sein의 뒤로 가야함.

bleib': bleibe의 준말. 머무르다, 남다.

allhier: hier(여기에)의 옛말.

gleich: 여기에서는 obgleich의 뜻으로 쓰인 것임. …할지라도.

weit: 넓은, 먼, 멀리.

von: …으로부터.

doch: 그러나, 그래도, 하지만.

der Schlaf: schlafen(자다)의 명사형. 잠, 수면.

bei: 가까이에, 곁에.

red': rede의 준말. reden(말하다, 이야기하다)의 1인칭 단수 현재형.

erwachen: 잠을 깨다.

tue: tun(하다, 행하다)의 1인칭 단수 현재형.

allein: 홀로, 혼자, 다만, 단지.

vergeht: vergehen(지나가다, 사라지다)의 3인칭 단수 현재형.

die Stund': die Stunde(시간)의 준말.

die Nacht: 밤.

das Herz: 심장, 가슴, 마음.

erwacht: erwachen(잠이 깨다)의 3인칭 단수 현재형.

an jn. gedenken: …를 마음에 두고 생각하다.

vieltausendmal: 수천 번.

geschenkt: schenken(선사하다, 주다)의 과거분사형. 문법적으로 볼 때 geschenkt 다음에 hast가 생략되었음.

가사 번역

이 몸이 작은 새라면
그리고 또 작은 날개가 두 개 있다면,
너에게 날아갈텐데;
그러나 그럴 수 없기 때문에,
그러나 그럴 수 없기 때문에,
나는 여기에 머물러 있다네.

내가 너로부터 멀리 떨어져 있어도,
또 잠 속에서 너와 함께 있으면서
너와 이야기를 나눌지라도;
내가 깨어나면,
내가 깨어나면,
나는 홀로 있다네.

내 마음이 밤에도 깨어 있어
너를 생각하지 않고 지나는 때가
단 한 시간도 없으니;
너는 나에게 수천 번이나,
너는 나에게 수천 번이나,
네 마음을 선물로 주었도다.

노래 해설

「이 몸이 새라면 Wenn ich ein Vöglein wär'」이라는 제목의 이 노래는 우리에게 잘 알려져 있으며, 독일 전역에 걸쳐 널리 퍼져있는 노래이다. 이 노래의 가사는 『소년의 마술피리 Des Knaben Wunderhorn』에서 취했으며, 곡은 프리드리히 라이하르트 Joh. Friedrich Reichardt가 1800년에 작곡했다.

작곡자 소개

프리드리히 라이하르트 Joh. Friedrich Reichardt(1752-1814):

독일의 작곡가, 음악 저술가. 독일 쾨니히스베르크에서 출생. 쾨니히스베르크 및 라이프치히 대학에서 철학과 음악 이론을 공부했으며, 1775년 프리드리히 대왕 왕실악장(王室樂長)이 되어 새로운 작품의 소개와 연구에 힘썼다. 라이하르트가 창작한 악곡은 많으며, 그 가운데에서도 특히 가극 방면에 공헌한 바 크고, 음악에 대한 저술도 많다. 대표작으로는 독일 최초의 가요극인 「사랑과 신뢰 Liebe und Treue」(1800)가 있다.

노래 부르기

이 노래는 "천천히" (langsam) 부르도록 제시하고 있다.

『소년의 마술피리 Des Knaben Wunderhorn』(1806-1808):

　독일의 민요, 가요집(3권). 독일 낭만주의 시인인 아르님 Arnim과 브렌타노 Brentano가 예로부터 전해 내려오는 민요와 민요풍의 가요류 약 600편을 공동으로 수집, 편찬했음. 여기에는 나폴레옹 지배하에 있었던 독일 국민에게 민족의 독자성과 자부심을 갖게 하려는 의도가 담겨 있었다. 그림 형제 Brüder Grimm의 동화 수집(『어린이와 가정을 위한 동화집 Kinder- und Hausmärchen』)과 나란히 독일 민족 문화유산의 보고이며, 후기 낭만파의 가장 큰 공적에 속한다.

　이 민요, 가요집에 담겼던 문학적 의도는 아이헨도르프 Eichendorff, 뫼리케 Mörike에서 하이네 Heine, 쉬토름 Storm에 이르는 민요조 서정시로 훌륭하게 열매를 맺었다. 그리고 이 속의 많은 민요에 슈만 Robert Schumann, 브람스 Johannes Brahs, 볼프 Hugo Wolf, 말러 Gustav Mahler 등이 곡을 붙여 널리 애창되고 있다.

8. Ein Vogel wollte Hochzeit machen

새 한 마리가 결혼식을 올리고 싶어했네

1. Ein Vogel wollte Hochzeit machen in dem grünen Walde.
   Fidiralala, fidiralala, fidiralalalala.

2. Die Drossel war der Bräutigam, die Amsel war die Braute.

3. Der Sperber, der Sperber, der war der Hochzeitswerber.

4. Der Stare, der Stare, der flocht der Braut die Haare.

5. Der Seidenschwanz, der Seidenschwanz, der bracht der
   Braut den Hochzeitskranz.

6. Die Lerche, die Lerche, die führt die Braut zur Kerche.

7. Der Auerhahn, der Auerhahn, derselbig war der Kapellan.

8. Die Meise, die Meise, die sang das Kyrie-eleise.

9. Die Schnepfe setzt auf den Tisch die Näpfe.

10. Die Puten, die Puten, die machten breite Schnuten.

11. Die Gänse und die Anten, das war'n die Musikanten.

12. Der Pfaum mit seinem bunten Schwanz macht mit der Braut
    den ersten Tanz.

13. Die Taube, die Taube, die bracht der Braut die Haube.

14. Brautmutter war die Eule, nahm Abschied mit Geheule.

15. Das Finkelein, das Finkelein, das führt das Paar zur Kammer hinein.

16. Der Uhu, der Uhu, der macht die Fensterläden zu.

17. Die Fledermaus, die Fledermaus, die zieht der Braut die Strümpfe aus.

18. Frau Kratzefuß, Frau Kratzefuß gibt allen einen Abschiedskuß.

19. Der Hennig krähet: "Gute Nacht!" Nun wird die Kammer zugemacht.

어휘 및 문법

der Vogel: 새.

wollte: wollen(원하다, …하고자 하다)의 3인칭 단수 과거형.

Hochzeit machen: 결혼식을 하다.

grün: 녹색의, 초록의.

der Wald: 숲, 삼림.

die Drossel: 지빠귀.

der Bräutigam: 약혼한 남자, 신랑.

die Amsel: 빛깔이 검은 지빠귀 무리.

die Braut: 약혼한 여자, 신부.

der Sperber: 새매.

der Hochzeitswerber: 결혼하기를 원하는 구혼자.

der Star: 찌르레기.

flocht: flechten(뜨다, 엮다, 짜다, 꼬다, 땋다)의 3인칭 단수 과거형.

die Haare: das Haar(털, 머리 털)의 복수형.

der Seidenschwanz: 연새.

bracht: brachte의 준말. bringen(가져가다, 가져오다, 데리고 가다)의 3인칭
      단수 과거형.

der Hochzeitskranz: 결혼식 때 신부가 쓰는 화관.

die Lerche: 종달새.

führt: führen(인도하다, 이끌다)의 3인칭 단수 현재형.

die Kerche: = die Kirche. 교회, 성당.

der Auerhahn: 들꿩(의 수컷).

der Hahn: 수탉.

derselbig: = derselbe. 같은, 동일한.

der Kapellan: = der Kaplan. 보좌 신부, 목사.

die Meise: 곤줄박이.

sang: singen(노래하다)의 3인칭 단수 과거형.

das Kyrie-eleise: = Kyrieeleison. (원래 그리스 말로서) 주여, 불쌍히 여기소서
(미사 중의 기도의 말).

die Schnepfe: 도요새.

setzt: setzen(앉히다)의 3인칭 단수 현재형.

der Tisch: 책상, 식탁.

die Näpfe: der Napf(단지, 대접)의 복수형.

die Puten: die Pute(칠면조의 암컷)의 복수형.

breit: (폭이) 넓은.

die Schnuten: die Schnute(= Schnauze, 주둥이)의 복수형.

die Gänse: die Gans(거위)의 복수형.

die Anten: = die Enten(die Ente(오리)의 복수형).

die Musikanten: der Musikant(음악가, 악사)의 복수형.

der Pfau: 공작(의 수컷).

bunt: 얼룩덜룩한, 다채로운, 색채가 있는, 가지각색의.

der Schwanz: 꼬리.

erst: 맨 처음에, 맨 먼저, 처음에.

der Tanz: 춤, 무용. tanzen(춤추다)의 명사형.

die Taube: 비둘기.

die Haube: 두건, 부인용 모자.

die Brautmutter: 신부의 어머니.

die Mutter: 어머니.

die Eule: 부엉이.

nahm: nehmen(잡다, 쥐다, 받다)의 3인칭 단수 과거형.

der Abschied: 고별, 이별.

Abschied nehmen: 이별하다, 이별을 고하다.

das Geheul: 끊임 없이 울부짖는 소리.

das Finkelein: 작은 방울새.

führt: führen(인도하다, 이끌다)의 3인칭 단수 현재형.

das Paar: 짝, 쌍, 켤레, 부부.

die Kammer: 작은 방.

hinein: 속으로, 안으로.

der Uhu: 수리부엉이.

die Fensterläden: der Fensterladen(겉창, 창의 덧문)의 복수형.

der Laden: 겉창, 창의 덧문, 가게.

macht … zu: zumachen(닫다)의 3인칭 단수 현재형. 분리동사이기 때문에
    분리전철 zu가 분리되어 뒤로 간 것임.

die Fledermaus: 박쥐.

zieht … aus: ausziehen(끌어내다, 벗다, 벗기다)의 3인칭 단수 현재형.

die Strümpfe: der Strumpf(양말)의 복수형.

die Frau: 부인.

die Kratzefuß: = die Krähe. 까마귀.

gibt: geben(주다)의 3인칭 단수 현재형.

der Abschiedskuß: 이별의 입맞춤.

der Hennig: = der Henning. 동물 우화에 나오는 수탉의 이름.

krähet: krähen((닭이) 울다)의 3인칭 단수 현재형.

Gute Nacht!: 잘 자라!, 안녕히 주무세요!

nun: 지금, 이제.

wird: werden(나다, …이 되다)의 3인칭 단수 현재형. 여기에서는 zumachen
    동사의 과거분사형과 함께 쓰여 수동형이 됨.

zugemacht: zumachen(닫다)의 과거분사형.

가사 번역

새 한 마리가 푸른 숲속에서 결혼식을 올리고 싶어했다네.

피디랄랄라, 피디랄랄라, 피디랄랄랄랄라.

지빠귀는 신랑이었고, 빛깔 검은 지빠귀는 신부였다네.

새매, 새매, 새매는 결혼하기를 원하는 구혼자였다네.

찌르레기, 찌르레기, 찌르레기가 신부의 머리를 땋아 주었다네.

연새, 연새, 연새가 신부에게 결혼식 때 쓰는 화관을 가져다 주었다네.

종달새, 종달새, 종달새가 신부를 교회(성당)로 데리고 간다네.

들꿩, 들꿩, 보좌 신부(목사)가 꼭 그와 같았다.

곤줄박이, 곤줄박이, 곤줄박이가 "주여, 불쌍히 여기소서!"를 불렀다네.

도요새가 식탁에 접시들을 내려놓는다네.

칠면조, 칠면조, 칠면조들이 주둥이를 납작하게 했다네.

거위와 오리들, 그것들은 음악가였다네.

다채로운 색깔의 꼬리를 지닌 공작이 신부와 함께 처음으로 춤을 춘다네.

비둘기, 비둘기, 비둘기가 신부에게 부인용 모자를 가져다 주었다네.

신부의 어머니는 부엉이였는데, 끊임없이 울부짖으며 작별 인사를 했다네.

작은 방울새, 작은 방울새, 작은 방울새가 신랑, 신부를 작은 방 안으로 안내한
다네.

수리부엉이, 수리부엉이, 수리부엉이가 겉창을 닫는다네.

박쥐, 박쥐, 박쥐가 신부의 양말을 벗긴다네.

까마귀 부인, 까마귀 부인이 모두에게 작별의 입맞춤을 해준다네.

수탉이 "잘자요!" 하고 우니, 이제 작은 방은 닫힌다네.

노래 해설

「새 한 마리가 결혼식을 올리고 싶어했네 Ein Vogel wollte Hochzeit machen」라는 제목의 이 노래는, 여러 가지 다양한 형태로 이미 16세기부터 독일에 알려져 온 것으로서, 예전에 독일 전역에서 결혼식 때에 많이 불렀던 노래이다. 우리 책에 제시되어 있는 형태의 이 노래는 독일 쉴레지엔 지방에서 나온 것이다.

노래 부르기

독일에서 결혼식 때 익살스럽게 여러 사람이 돌아가면서 이어 부르기식으로 불렀던 이 노래는 특히 약강격의 규칙적인 리듬을 살려서 부르도록 하자. 각 절의 후반부는 1절과 마찬가지로 "피디랄랄라, 피디랄랄라, 피디랄랄랄랄라"의 후렴을 덧붙여 부른다. 이 노래는 알레그로의 속도로 빠르게 부르면 좋을 듯하다.

9. Alle Vögel sind schon da

모든 새들이 벌써 다 와 있네

Text: Hoffmann von Fallersleben, 1843
Melodie: Vermutlich aus dem 16. Jahrhundert.

노래가사

1. Alle Vögel sind schon da,

   Alle Vögel alle!

   Welch ein Singen, Musizieren,

   Pfeifen, Zwitschern, Tiriliern;

   Frühling will nun einmarschiern,

   Kommt mit Sang und Schalle.

2. Wie sie alle lustig sind,

   Flink und froh sich regen!

   Amsel, Drossel, Fink und Star

   Und die ganze Vogelschar

   Wünschen dir ein frohes Jahr,

   Lauter Heil und Segen.

3. Was sie uns verkündet nun,

Nehmen wir zu Herzen.

Wir auch wollen lustig sein,

Lustig wie die Vögelein,

Hier und dort, feldaus, feldein,

Singen, springen, scherzen.

어휘 및 문법

schon: 이미, 벌써.

da: 그 자리에 있다, 와 있다.

welch: 얼마나 …한. 여기에서는 감탄의 뜻을 나타내는 말로 쓰임.

das Singen: singen(노래하다)의 명사형.

das Musizieren: musizieren(음악을 연주하다)의 명사형.

das Pfeifen: pfeifen(피리를 불다, 휘파람을 불다)의 명사형.

das Zwitschern: zwitschern(지저귀다)의 명사형.

Das Tiriliern: tiriliern(tirilieren의 준말, 지저귀다)의 명사형.

der Frühling: 봄.

will: wollen(…하고자 하다)의 3인칭 단수 현재형.

nun: 지금, 이제.

einmarschieren: 진입하다. 진주하다.

kommt: kommen(오다)의 3인칭 단수 현재형.

mit: …와 함께, 같이.

der Sang: der Gesang(노래)의 시적인 표현.

der Schall: 소리, 울림.

lustig: 즐거운, 재미 나는.

flink: 번득 번득 빛나는, 재빠른.

froh: 기뻐하는, 기쁜, 즐거운.

sich regen: 움직이다, 활동하다.

die Amsel: 빛깔이 검은 지빠귀 무리.

die Drossel: 지빠귀.

der Fink: 방울새.

der Star: 찌르레기.

ganz: 온전한, 전체의.

die Vogelschar: 새 떼.

wünschen: 원하다, 바라다.

das Jahr: 해, 연.

lauter: 순수한, 순전한.

das Heil: 건강, 안전, 안녕, 행복, 행운.

der Segen: 축복, 행운.

verkündet: verkünden(알리다, 공고하다)의 3인칭 단수 현재형.

nehmen: 잡다, 쥐다, 받다.

zu Herzen: 가슴에.

hier: 여기에.

dort: 저기에.

feldaus: 들에 나가서.

feldein: 들에.

singen: 노래하다.

springen: 뛰다, 뛰놀다.

scherzen: 까불다, 시시덕거리다, 장난하다.

가사 번역

모든 새들이 벌써 다 와 있네,
모든 새들이 다!
얼마나 멋지게 노래하고, 연주하며,
휘파람불고, 지저귀며, 재잘거리는가;
봄이 이제 진입해 들어오려 하니,
노래 부르며 소리 내며 오는구나.

새들이 모두 얼마나 즐거워하며,
잽싸고 즐겁게 움직이는가!
빛깔이 검은 지빠귀와 지빠귀, 방울새와 찌르레기
그리고 모든 새 떼가
너에게 즐거운 한 해가 되기를 바라고
오직 행복과 축복을 비는구나.

새들이 지금 우리에게 알려주는 것을,

우리는 가슴으로 받아들인다.

작은 새들이 즐거워하는 것처럼,

우리도 또한 즐거워하고자 하니,

새들은 여기 저기, 들판을 들며 나며,

노래하며, 뛰놀며, 장난하는구나.

노래 해설

「모든 새들이 벌써 다 와 있네 Alle Vögel sind schon da」라는 제목의 이 노래는 "솔솔 부는 봄바람, 쌓인 눈 녹이고 …" 라는 가사로 우리에게 알려져 있는 노래이다. 약 15, 16세기 경, 혹은 17세기 말에 곡조가 만들어진 것으로 추측되는 이 노래는 1843년에 호프만 폰 팔러스레벤 Hoffmann von Fallersleben이 가사를 붙여 만든 것으로서, 독일 이외의 지역에도 널리 퍼져 있다.

작사자 소개

호프만 폰 팔러스레벤 Hoffmann von Fallersleben(1798-1874): 이 책의 24-25쪽 참조!

독일어 가사 낭독법

이 노래 「모든 새들이 벌써 다 와 있네 Alle Vögel sind schon da」의 독일어 가사는 정확하게 '강약, 강약' 으로 진행되는 '강약격' 의 율격으로 되어 있다. 그러므로 이 노래의 독일어 가사를 낭독할 때에는 이 '강약격' 의 운율을 염두에 두고 낭송하도록 한다.

노래 부르기

이 노래 「모든 새들이 벌써 다 와 있네 Alle Vögel sind schon da」는 새들과 함께 즐거운 봄을 맞이하는 내용의 노래이므로, 밝고 경쾌하게 중간 정도의 빠르기 (모데라토)로 부르도록 하자.

10. Die Gedanken sind frei

생각은 자유롭다

10. Die Gedanken sind frei

노래가사

1. Die Gedanken sind frei, wer kann sie erraten?

   Sie fliehen vorbei wie nächtliche Schatten.

   Kein Mensch kann sie wissen, kein Jäger erschießen.

   Es bleibet dabei: die Gedanken sind frei.

2. Ich denke, was ich will und was mich beglücket,

   Doch alles in der Still und wie es sich schicket.

   Mein Wunsch und Begehren kann niemand mir wehren,

   Es bleibet dabei: die Gedanken sind frei.

3. Und sperrt man mich ein im finsteren Kerker;

   Das alles sind rein vergebliche Werke;

   Denn meine Gedanken zerreißen die Schranken

   Und Mauern entzwei: die Gedanken sind frei.

4. Drum will ich auf immer den Sorgen absagen

Und will mich auch nimmer mit Grillen mehr plagen.

Man kann ja im Herzen stets lachen und scherzen

Und denken dabei: die Gedanken sind frei.

5. Ich liebe den Wein, mein Mädchen vor allen,

Sie tut mir allein am besten gefallen.

Ich sitz' nicht alleine bei meinem Glas Weine,

Mein Mädchen dabei: die Gedanken sind frei.

어휘 및 문법

die Gedanken: der Gedanke(생각, 사상)의 복수형.

frei: 자유롭다.

wer: 누구, 누가.(의문대명사)

kann: können(…할 수 있다)의 3인칭 단수 현재형.

erraten: 추측하다.

fliehen: 달아나다, 도피하다.

vorbei: 곁을 지나서, 통과하여.

wie: …처럼.

nächtlich: die Nacht(밤)의 형용사. 밤의, 어두운.

der Schatten: 그늘, 그림자.

kein: 한 사람도 … 않다, 하나도 … 않다.

der Mensch: 사람, 인간.

der Jäger: 사냥꾼.

erschießen: 총으로 쏘다. 총살하다.

Pulver und Blei: 탄약

denke: denken(생각하다)의 1인칭 단수 현재형.

beglückt: beglü cken(행복하게 하다, 기쁘게 하다)의 3인칭 단수 현재형.

doch: 하지만, 그러나.

alles: 모든 것.

in der Stille: 조용히, 비밀히.

sich schicken: 준비하다, 어울리다, 알맞다.

der Wunsch: 소원, 소망.

das Begehren: begehren(열망, 갈망하다)의 명사형. 열망, 갈망.

kann: können(…할 수 있다)의 1인칭 단수 현재형.

niemand: 아무도 …(하지) 않다.

wehren: 방지, 저지하다.

bleibt: bleiben: (머무르다, 남다)의 3인칭 단수 현재형.

dabei: 그 곁에, 그 때에.

sperrt … ein: einsperren(몰아 넣다, 감금하다)의 3인칭 단수 현재형.

finster: 어두운, 침침한.

der Kerker: 감옥, 옥.

rein: 순수한, 깨끗한, 순전한, 깨끗이, 아주.

vergeblich: 무익한, 헛된, 쓸데없는.

die Werke: das Werk(일, 활동, 작업, 제작(물), 작품)의 복수형.

denn: 왜냐하면.

zerreißen: 갈기갈기 찢다.

die Schranken: die Schranke(울타리)의 복수형.

die Mauern: die Mauer(벽, 담)의 복수형.

entzwei: 둘로, 갈라져, 깨어져.

drum: = darum. 그러므로.

auf immer: = für immer. 영원히.

die Sorgen: die Sorge(근심, 걱정)의 복수형.

etw. absagen: …을 단념하다, 버리다.

nimmer: 결코 …(하지) 않다.

die Grillen: die Grille(귀뚜라미, 변덕, 시름)의 복수형.

mehr: 더 많이, 더욱.

plagen: 괴롭히다, 집적거리다.

stets: 끊임없이, 언제나, 항상.

lachen: 웃다.

scherzen: 까불다, 시시덕거리다, 장난하다.

liebe: lieben(사랑하다)의 1인칭 단수 현재형.

der Wein: 포도주, 술.

das Mädchen: 소녀, 아가씨.

vor allen: 누구보다도.

am besten: 가장 잘

sitz’: sitze의 준말. sitzen(앉아 있다)의 1인칭 단수 현재형.

das Glas: 컵, 잔.

가사 번역

 **1절**

생각은 자유롭다, 누가 그 생각을 알아맞힐 수 있겠는가?

생각은 밤의 그늘처럼 스쳐 지나가 달아난다.

아무도 그것을 알 수 없고, 어떤 사냥꾼도 총으로 쏴 맞출 수 없으니,

그만하면 됐다: 생각은 자유롭다.

 **2절**

나는 내가 하고자 하는 것을 생각하고, 나를 행복하게 해 주는 것을 생각한다,

그래도 모든 것은 조용히 그리고 알맞게 제대로 되어 있다.

나의 소원, 나의 열망을 아무도 막을 수 없으니,

그만하면 됐다: 생각은 자유롭다.

 **3절**

그리고 사람들이 나를 어두운 감옥 속에 가둔다해도;

그것은 모두 완전히 헛수고이다;

왜냐하면 내 생각은 울타리와 담을

둘로 깨부수어 버리니: 생각은 자유롭다.

 **4절**

그러므로 나는 영원히 근심을 떨쳐 버리고

또 결코 시름으로 더 이상 괴로워하지 않으리라.

사람은 정말이지 마음 속에서 언제나 웃고 장난할 수 있으며

또한 이때 '생각은 자유롭다' 고 생각할 수 있으리라.

나는 술을 사랑하고, 누구보다도 나의 아가씨를 사랑한다,

아가씨는 오직 나에게만 최고로 마음에 들게 한다.

나는 내 술잔을 놓고서 혼자만 앉아 있는 것이 아니라,

내 아가씨도 함께 있으니: 생각은 자유롭다.

노래 해설

「생각은 자유롭다 Die Gedanken sind frei」라는 제목의 이 노래 가사와 멜로디는 독일에서 1782년부터 1806년 사이에 삐라(fliegende Blätter)를 통하여 큰 각광을 받았다. 이 노래는 1806년 『소년의 마술피리』에 "탑에 갇힌 사람의 노래 Lied des Gefangenen im Turm"라는 제목으로 나왔다. 이 노래의 곡조는 남부 독일 혹은 스위스에서 유래했으며, 가사는 1800년경 민요에서 취했다. "생각은 자유롭다"라는 생각의 기반은 이미 독일에서 13세기의 시인 발터 폰 데어 포겔바이데 Walther von der Vogelweide에게서 나타난다.

노래 부르기

이 노래는 "중간 정도의 빠르기"(mäßig)로 부르도록 제시되어 있다. 그러나 이 노래의 끝 부분은 대체로 (점차) 느리게 부르도록 하자.

11. Das Wandern ist des Müllers Lust

도보 여행은 방앗간 주인의 즐거움

Text: Wilhelm Müller, 1821
Melodie: Carl Friedrich Zöllner, 1844

노래가사

1. Das Wandern ist des Müllers Lust,
   Das Wandern ist des Müllers Lust,
   das Wandern.
   Das muß ein schlechter Müller sein,
   dem niemals fiel das Wandern ein,
   dem niemals fiel das Wandern ein,
   das Wandern.

2. Vom Wasser haben wir's gelernt,
   Vom Wasser haben wir's gelernt,
   vom Wasser:
   Das hat nicht Ruh' bei Tag und Nacht,
   Ist stets auf Wanderschaft bedacht,
   Ist stets auf Wanderschaft bedacht,
   das Wasser.

3. Das seh'n wir auch den Rädern ab,
   Das seh'n wir auch den Rädern ab,
   den Rädern:
   Die gar nicht gerne stille steh'n,
   Die sich bei Tag nicht müde dreh'n,
   Die sich bei Tag nicht müde dreh'n,
   die Räder.

4. Die Steine selbst, so schwer sie sind,
   Die Steine selbst, so schwer sie sind,
   die Steine:

Sie tanzen mit den muntern Reih'n

und wollen gar noch schneller sein,

und wollen gar noch schneller sein,

die Steine.

5. O Wandern, Wandern, meine Lust,

O Wandern, Wandern, meine Lust,

o Wandern!

Herr meister und Frau meisterin,

läßt mich in Frieden weiter zieh'n

läßt mich in Frieden weiter zieh'n

und wandern.

어휘 및 문법

das Wandern: wandern(걷다, (걸어서) 여행하다. 떠돌다)의 명사형.

der Müller: 방앗간 주인.

die Lust: 즐거움, 기쁨, 쾌락.

muß: müssen(…해야만 한다)의 3인칭 단수 현재형. 여기에서는 "…임에 틀
　　림없다"는 강한 추측의 의미로 쓰인 것임.

schlecht: 나쁜, 좋지 않은.

niemals: 결코 …(하지) 않다.

jm.(jemandem) einfallen: (누구의) 머리에 떠오르다, 생각나다.

gelernt: lernen(배우다)의 과거분사형.

die Ruhe: ruhen(쉬다, 휴식하다)의 명사형. 휴식, 고요함, 평안, 침착.

bei Tag und Nacht: 낮이나 밤이나.

stets: 끊임 없이, 언제나, 항상.

die Wanderschaft: 여행, 편답.

auf et. bedacht sein: 무엇을 마음에 두다, 무엇에 마음을 쓰다.

sehen … ab: absehen(…을 보고 알아채다)의 1인칭 복수 현재형.

die Räder: das Rad(바퀴, 수레바퀴)의 복수형.

gar nicht: 아주 …않다, 전혀 …않다.

gern(e): 즐겨, 기꺼이.

still: 정지하고 있는, 고요한, 조용한.

müde: 지친, 고단한, 싫증난.

sich drehen: 돌다, 회전하다.

die Steine: der Stein(돌)의 복수형.

selbst: 스스로, …조차, 마저.

schwer: 무거운, 어려운.

tanzen: 춤추다.

munter: 눈뜬, 생기 있는, 활발한.

die Reihen: die Reihe(열, 줄)의 복수형.

noch schneller: 더 빨리.

die Lust: 즐거움, 쾌락.

der Meister: 우두머리, 주인, 지배자, 스승, 명인, 거장, 대가.

die Meisterin: der Meister의 여성형.

läßt: lassen(허용하다, …하도록 하다)의 3인칭 단수 현재형.

die Frieden: der Friede(평화, 화평)의 복수형.

weiter: weit(넓은)의 비교급. 더 넓은, 더 먼, 그 이상의.

ziehen: 끌다, 긋다, 그리다, 나아가다, 이동하다.

가사 번역

도보 여행은 방앗간 주인의 즐거움,

도보 여행은 방앗간 주인의 즐거움,

도보 여행은.

도보 여행,

도보 여행 할 생각이 한 번도 나지 않는 방앗간 주인은,

도보 여행 할 생각이 한 번도 나지 않는 방앗간 주인은,

좋지 않은 방앗간 주인임에 틀림없다.

물한테 우리는 배웠다,

물한테 우리는 배웠다,

물한테:

물은 낮이나 밤이나 쉬지 않고,

물은,

언제나 여행할 것을 생각한다,

언제나 여행할 것을 생각한다.

우리는 또한 바퀴를 보고 깨달았다,

우리는 또한 바퀴를 보고 깨달았다,

바퀴를 보고:

전혀 조용히 쉬려고 하지 않는,

하루 종일 지치지 않고 도는,

하루 종일 지치지 않고 도는,

바퀴를 보고.

돌맹이들조차, 아무리 무거워도,

돌맹이들조차, 아무리 무거워도,

돌맹이들도 (그러하니):

돌맹이들은 활발하게 줄을 지어 춤을 추며

게다가 더 빨리 춤을 추고자 한다,

게다가 더 빨리 춤을 추고자 한다,

돌맹이들은.

오, 도보 여행, 도보 여행, 나의 즐거움이여,

오, 도보 여행, 도보 여행, 나의 즐거움이여,

오, 도보 여행!
대가 선생님과 여선생님은,
나로 하여금 평화롭게 더 멀리 떠나가도록 해주고,
나로 하여금 평화롭게 더 멀리 떠나가도록 해주고,
도보 여행을 하도록 해준다.

노래 해설

「도보 여행은 방앗간 주인의 즐거움 Das Wandern ist des Müllers Lust」이라
는 제목의 이 노래는 1821년 빌헬름 뮐러 Wilhelm Müller가 쓴 시에 1844년 칼 프
리드리히 쬘너 Carl Friedrich Zöllner(1800-1860)가 곡을 붙인 것이다.

작사자 소개

빌헬름 뮐러 Wilhelm Müller(1794-1827):
33세로 요절한 독일의 시인. 데사우에서 태어나 베를린 대학에서 공부한 다음
데사우에서 교사와 도서관 사서로 일하면서, 민요조의 서정시를 쓰고 번역을 하는
등 문학활동에 종사하였다. 후기 낭만주의 시인 중에서도 가장 인기가 있었고, 소
박하고도 참신한 서정성으로 인하여 대중의 사랑을 받았다. 빌헬름 뮐러가 쓴 연
작시 『아름다운 물방앗간의 아가씨 Die schöne Müllerin』(1816)와 『겨울 나그네
Winterreise』(1823)는 슈베르트가 노래로 작곡을 하여 오늘날 낭만주의 작품들 중
에서 가장 널리 알려진 작품에 속하게 되었다.

독일어 가사 낭독법

이 노래 「도보 여행은 방앗간 주인의 즐거움 Das Wandern ist des Müllers Lust」의 독일어 가사는 정확하게 '약강, 약강' 으로 진행되는 '약강격' 의 율격으로 되어 있다. 그러므로 이 노래의 독일어 가사를 낭독할 때에는 이 '약강격' 의 운율을 살려 낭송하도록 한다.

노래 부르기

이 노래는 도보 여행이나 가벼운 등산을 할 때 상쾌한 기분으로 부를 수 있는 노래이므로, 경쾌한 마음으로 배워서 중간 정도의 빠르기(모데라토)로 부르도록 하자.

"뮐러 Müller"는 '방앗간 주인' ?

"방앗간 주인" 이라는 뜻의 "뮐러 Müller" 라는 성을 지닌, 이 노래의 작사자 빌헬름 뮐러 Wilhelm Müller 자신은 방앗간 주인이 아니라 교사이자 도서관 사서였다. "뮐러 Müller" 는 독일 사람들의 이름 중에서 가장 흔한 성이다.

"Wandern"은 '도보 여행' ?

여기에서 "도보 여행" 이라고 번역한 'Wandern' 은 사실 우리말로 적절하게 옮기기가 쉽지 않다. 독일 사람들은 가파르지 않은 낮은 산과 숲속을 여러 시간에 걸쳐 걸어 다니는 '도보 여행' 을 즐겨 하는데, 이것을 가리켜 독일말로 "Wandern" 이라고 한다. 그러므로 이 "Wandern" 은 우리의 경우에 비추어 보면 '도보 여행' 이라기 보다는 차라리 "가벼운 등산" 쪽에 더 가까울 지도 모른다. 또한 'Wandern' 은 여기 저기 떠돌아 다니는 '방랑' 을 의미하기도 한다.

12. Wem Gott will rechte Gunst erweisen

하느님이 진정 은혜를 베풀고자 하는 사람

Text: Joseph von Eichendorff, 1822
Melodie: Theodor Fröhlich, 1833

노래가사

1. Wem Gott will rechte Gunst erweisen,

   den schickt er in die weite Welt;

   dem will er seine Wunder weisen

   in Berg und Wald und Strom und Feld.

2. Die Trägen, die zu Hause liegen,

   erquicket nicht das Morgenrot;

   sie wissen nur von Kinderwiegen,

   von Sorgen, Last und Not um Brot.

3. Die Bächlein von den Bergen springen,

die Lerchen schwirren hoch vor Lust,

was sollt ich nicht mit ihnen singen

aus voller Kehl' und frischer Brust?

4. Den lieben Gott laß ich nur walten;

der Bächlein, Lerchen, Wald und Feld

und Erd' und Himmel will erhalten,

hat auch mein' Sach' aufs Best' bestellt.

어휘 및 문법

der Gott: 하느님.

recht: 곧은, 올바른, 참된.

die Gunst: 은혜, 호의.

erweisen: 증명, 실증하다, 표시, 표명하다.

schickt: schicken(보내다)의 3인칭 단수 현재형.

weit: 넓은, 먼, 아득한.

die Welt: 세상, 세계.

die Wunder: das Wunder(놀라움, 기적)의 복수형.

weisen: 가리키다, 지시하다.

der Berg: 산.

der Wald: 숲, 삼림.

der Strom: 강.

das Feld: 들.

die Trägen: 태만한, 게으른 사람.

liegen: 누워 있다.

erquickt: erquicken(생기가 나게 하다, 상쾌하게 하다)의 3인칭 단수 현재형.

das Morgenrot: 아침 여명, 서광.

wissen: 알다, 알고 있다.

nur: 오직.

die Kinderwiegen: die Kinderwiege(아기 요람)의 복수형.

die Sorgen: die Sorge(근심, 걱정)의 복수형.

die Last: 짐, 화물, 무거운 짐.

die Not: 고난, 곤경, 궁핍, 위급.

das Brot: 빵.

das Bächlein: der Bach(시내, 실개천)의 축소명사.

der Berg: 산.

springen: 뛰다, 뛰놀다, 솟다, 내뿜다.

die Lerchen: die Lerche(종달새)의 복수형.

schwirren: 윙윙 소리나다, 휙휙 소리나다.

hoch: 높은, 높이.

die Lust: 즐거움, 기쁨, 쾌락.

was: 여기서는 warum의 뜻으로 쓰인 것임. 왜, 어찌하여.

sollte: sollen(마땅히 …해야만 한다)의 접속법.

voll: 가득한, 꽉 찬.

die Kehle: 목.

frisch: 신선한, 시원한.

die Brust: 가슴.

der Gott: 신, 하느님.

lasse: lassen(허용하다, …하도록 하다)의 1인칭 단수 현재형.

nur: 단지, 다만.

walten: 지배하다, 관리하다.

die Erde: 흙, 땅, 대지, 지상, 지구.

der Himmel: 하늘, 천국.

erhalten: 보존, 유지하다, 받다, 얻다. 문법적으로 볼 때는 erhalten 앞의 will
이 erhalten 뒤로 와야 함.

die Sache: 사건, 일, 물건. 사물, 물품.

aufs: auf das의 준말.

beste: 가장 좋은, 가장 좋게.

bestellt: bestellen(정돈, 정리하다, 배려하다, 손질하다, 주문하다)의 과거분사
형.

가사 번역

하느님이 진정 은혜를 베풀고자 하는 사람,

그 사람을 하느님은 넓은 세상으로 보낸다네;

그에게 하느님은 산과 숲과 강과 들판에서

당신의 기적을 보여주고자 한다네.

집에 누워 있는 게으른 사람들,

아침 여명은 그들을 상쾌하게 해주지 못하나니;

그들은 단지 아기 요람에 대해서만,

근심과, 무거운 짐과 빵 걱정에 대해서만 알고 있다네.

실개천은 산에서 흘러 나와 뛰놀고,

종달새는 즐거워 높은 곳에서 빙빙 돌고 있으니,

내 어찌 종달새와 함께 목청껏

신선한 가슴으로 노래부르지 않을쏘냐?

나는 그저 사랑의 하느님이 주관하시도록 내맡겨 드리니;

하느님은 시냇물과 종달새, 숲과 들

그리고 하늘과 땅을 보존하고자 하시며,

나의 사정도 또한 최상의 상태로 배려해 주셨도다.

노래 해설

「하느님이 진정 은혜를 베풀고자 하는 사람 Wem Gott will rechte Gunst erweisen」이라는 제목의 이 노래는 1822년 아이헨도르프 Joseph von Eichendorff가 쓴 시에 1833년 테오도르 프뢸리히 Theodor Fröhlich(1803-1836)가 곡을 붙인 것이다. 아이헨도르프의 이 시는 그의 대표적 소설이자 낭만주의 작품 가운데에서 널리 알려진 『쓸모 없는 자의 생활에서 Aus dem Leben eines Taugenichts』에 들어 있다. 이 시와 소설은 자유로운 도보 여행(Wanderschaft)을 낭만주의적 삶의 형태로서 찬미한다. 이와 함께 이 시와 소설 작품은 또한 하느님의 자녀로서 아무 걱정 없이 단순, 소박하게 사는 삶의 기쁨과 행복을 노래하고 있다.

작사자 소개

아이헨도르프 Joseph von Eichendorff(1788-1857):

독일의 시인, 소설가. 브렌타노 Clemens Brentano와 함께 독일 낭만주의 시인 중에서 가장 중요한 시인에 속한다. 아이헨도르프는 소박한 언어와 깊은 종교적 체험으로 자연의 풍성함과 종교적 삶의 중요성을 주로 노래했다.

독일어 가사 낭독법

이 노래 「하느님이 진정 은혜를 베풀고자 하는 사람 Wem Gott will rechte Gunst erweisen」의 독일어 가사는 정확하게 '약강, 약강'으로 진행되는 '약강격'의 율격으로 되어 있다. 그러므로 이 노래의 독일어 가사를 낭독할 때에는 이 '약강격'의 운율을 살려 낭송하도록 한다.

노래 부르기

서정적이고 낭만적인 심정을 가지고 산과 들, 숲과 강 등 자연 속에서 하느님의 은혜와 사랑을 체험하고자 하는 취지를 담은 이 노래 「하느님이 진정 은혜를 베풀고자 하는 사람 Wem Gott will rechte Gunst erweisen」은 그러한 노래의 내용에 공감하면서, 근심없이 밝고 맑은 마음으로 중간 정도의 빠르기(모데라토)로 부르도록 하자.

13. Das Frankfurter Lied

프랑크푸르트의 노래

Volksweise um 1826

노래가사

1. Es, es, es und es, es ist ein harter Schluß,

   weil, weil, weil und weil, weil ich aus Frankfurt muß .

   Drum schlag ich Frankfurt aus dem Sinn

   und wende ich, Gott weiß wohin.

   Ich will mein Glück probieren, marschieren.

2. Er, er, er und er, Herr Meister, leb er wohl,

   Er, er, er und er, Herr Meister, leb er wohl,

   Ich sag's ihm frei grad ins Gesicht,

   seine Arbeit, die gefällt mir nicht:

Ich will mein Glück probieren, Marschieren.

3. Sie, sie, sie und sie, Frau Meisterin, leb sie wohl!

   Sie, sie, sie und sie, Frau Meisterin, leb sie wohl!

   Ich sag's ihr frei grad ins Gesicht,

   ihr Speck und Kraut, das gefällt mir nicht:

   Ich will mein Glück probieren, marschieren.

4. Ihr, ihr, ihr und ihr, ihr Jungfern, lebet wohl!

   Ihr, ihr, ihr und ihr, ihr Jungfern, lebet wohl!

   Ich wünsch euch jetzt zu guter letzt

   einen andern, der mein' Stell' ersetzt:

   Ich will mein Glück probieren, marschieren.

어휘 및 문법

hart: 단단한, 강한, 가혹한, 엄한

der Schluß: schließen의 명사형. 잠금, 마감, 종결, 결론

drum: darum의 준말. 그러므로, 그 때문에.

schlage: schlagen(치다, 두드리다)의 1인칭 단수 현재형.

aus dem Sinn schlagen: …을 잊어 버리다.

sich wenden: 방향을 바꾸다.

der Gott: 하느님.

weiß: wissen(알다, 알고 있다)의 3인칭 단수 현재형.

wohin: 어디로.

das Glück: 운수, 운명, 행복.

probieren: 시험해 보다, 음미하다.

marschieren: 행진하다.

der Meister: 우두머리, 주인, 지배자, 스승, 명인, 거장, 대가.

leb: leben(살다)의 3인칭 단수 명령형. 살아라.

wohl: 좋은, 건강한, 잘.

sage: sagen(말하다)의 1인칭 단수 현재형.

frei: 자유로운, 자유스러운.

gerade: 곧은, 반듯한, 똑바른, 정직한, 솔직한, 똑바로, 바로.

das Gesicht: 시각, 얼굴.

die Arbeit: 일, 과업, 일자리.

die Meisterin: der Meister(우두머리, 주인, 지배자, 스승, 명인, 거장, 대가)의
                여성형.

der Speck: 비계살.

das Kraut: 채소, 야채, 풀.

die Jungfern: die Jungfer(처녀)의 복수형.

lebet: leben(살다)의 2인칭 복수 명령형. 살아라.

wünsche: wünschen(원하다, 바라다)의 1인칭 단수 현재형.

jetzt: 지금, 현재.

letzt: 마지막의, 맨 끝의.

die Stelle: 장소, 처지, 입장, 지위.

ersetzt: ersetzen(대신, 보충하다)의 3인칭 단수 현재형.

가사 번역

그것, 그것, 그것 그리고 그것, 그것은 가혹한 결말이다,

왜냐하면, 왜냐하면, 왜냐하면 그리고 왜냐하면, 왜냐하면 나는 프랑크푸르트를

떠나야만 하기 때문이다.

그러므로 나는 프랑크푸르트를 잊어 버리고

방향을 바꾸니, 하느님은 내가 어디로 가야하는지를 아신다.

나는 내 행운을 시험해 보고자, 행진해 나가고자 한다.

그, 그, 그 그리고 그, 대가 선생님은, 잘 사시오,

그, 그, 그 그리고 그, 대가 선생님은, 잘 사시오,

나는 자유로이 그에게 면전에다 직접 말한다,

그의 일 솜씨, 그것이 내 마음에 들지 않는다고:

나는 내 행운을 시험해 보고자, 행진해 나가고자 한다.

그녀, 그녀, 그녀 그리고 그녀, 대가 여선생님은, 잘 사시오!

그녀, 그녀, 그녀 그리고 그녀, 대가 여선생님은, 잘 사시오!

나는 자유로이 그녀에게 면전에다 직접 말한다,

그녀의 비계살과 채소, 그것이 내 마음에 들지 않는다고:

나는 내 행운을 시험해 보고자, 행진해 나가고자 한다.

너희, 너희, 너희 그리고 너희, 너희 처녀들은, 잘 살아라!

너희, 너희, 너희 그리고 너희, 너희 처녀들은, 잘 살아라!

나는 이제 정말 마지막으로 너희들이

내 자리를 대신할 다른 사람을 찾게 되길 바란다:

나는 내 행운을 시험해 보고자, 행진해 나가고자 한다.

노래 해설

　"그것, 그것, 그것 그리고 그것 Es, es, es und es"이라는 제목으로도 되어 있는 이 「프랑크푸르트의 노래 Das Frankfurter Lied」는 1826년경의 독일 민요인데, 이미 18세기 중엽부터 독일 전역에 걸쳐 알려져 온 노래이다. 독일의 수공업 근로자들은 수공업 각 분야의 전문가들이라고 할 수 있는 "장인(匠人) Meister"의 집에 거처하면서 숙식을 해결하였다. 그런데 그들의 근로 상황이나 여건이 항상 만족스러운 것만은 아니었다. 따라서 근로자들이 더 이상 근로 여건에 만족할 수 없었을 때에, 그들은 그곳을 떠나 다른 곳으로 계속하여 방랑 길을 떠날 수 있었던 것이다.

노래 부르기

　독일의 민요(Volksweise, Volkslied)인 이 노래는 옛날 독일의 수공업 근로자들이 더 나은 일자리와 미래를 개척하기 위해 다른 고장으로 힘차게 떠나는 기백과 기상을 노래하고 있다. 그러므로 이 노래는 그러한 근로자의 용기와 결단의 상황을 생각하면서, 힘차게 중간 정도의 빠르기(모데라토)로 부르도록 하자.

14. Muß i denn, muß i denn

이별

1. Muß i denn, Muß i denn zum Städtele hinaus,

   Städtele hinaus, und du mein Schatz bleibst hier.

   Wenn i komm, wenn i komm, wenn i wiederum komm,

   wiederum komm, kehr i ein, mein Schatz, bei dir.

   Kann i au net all-weil bei dir sein, han i doch mei Freud an dir!

   Wenn i komm, wenn i komm, wenn i wiederum komm,

   wiederum komm, kehr i ein, mein Schatz, bei dir.

2. Wie du weinst, wie du weinst, daß i wandere muß ,

   wandere Muß , wie wenn d'Lieb jetzt wär vorbei;

   sind auch drauß', sind auch drauß' der Mädele viel,

   Mädele viel, lieber Schatz, i bleib dir treu.

   Denk' du net, wenn i 'ne andre seh',

   so sei mei Lieb' vorbei; sind auch drauß',

   sind auch drauß' der Mädele viel,

   Mädele viel, lieber Schatz, i bleib dir treu.

3. Übers Jahr, übers Jahr, wenn mer Träubele schneid't,

   Träubele schneid't, stell i hier mi wiederum ein;

   bin i dann, bin i dann dein Schätzele noch,

   Schätzele noch, so soll die Hochzeit sein.

   Übers Jahr, da ist mein Zeit vorbei,

   da g'hör i mein und dein,

   bin i dann, bin i dann dein Schätzele noch,

   Schätzele noch, so soll die Hochzeit sein.

어휘 및 문법

muß: müssen(…해야만 한다)의 1인칭 단수 현재형.

denn: 정녕, 필경, 참으로.

das Städtele: = das Städtchen(die Stadt(도시)의 축소명사형). 작은 도시.

hinaus: 밖으로.

der Schatz: 보물, 귀중한 사람. 사랑하는 사람을 비유하는 말로 쓰임.

bleibst: bleiben(머무르다)의 2인칭 단수 현재형.

hier: 여기에.

komme: kommen(오다)의 1인칭 단수 현재형.

wiederum: 또 다시, 다시금.

bei: 곁에, 가까이에.

allweil: = alleweil(e). 언제나, 지금.

die Freude: 기쁨, 즐거움.

kehre … ein: einkehren(누구의 집에 들르다)의 1인칭 단수 현재형.

〈1절, 5행〉

Kann I au net all-weil bei dir sein, han I doch mei Freud an dir!(방언)

= Kann ich auch nicht all-weil bei dir sein, hab' ich doch meine Freude an

　dir! (표준어 번역)

weinst: weinen(울다)의 2인칭 단수 현재형.

wandern: 도보 여행하다.

wie wenn: …때처럼, …처럼(= als ob, als wenn).

die Liebe: 사랑.

jetzt: 지금.

wäre: sein동사의 접속법.

vorbei: (곁을) 지나서, 통과하여, 끝나서. 문법적으로 볼 때는 vorbei 앞에 있
　　　　는 wär가 vorbei 위로 와야 함.

draußen: 바깥에서, 바깥에.

viel: 많은, 매우, 대단히.

bleibe: bleiben(머무르다)의 1인칭 단수 현재형.

treu: 신실한, 성실한, 정확한.

denk': = denkst(denken(생각하다)의 2인칭 단수 현재형이지만, 여기서는 명
　　　　령형으로 쓰인 것임). 생각하라.

ander: 다른, 다른 편의.

sehe: sehen(보다)의 1인칭 단수 현재형.

〈2절, 5행〉

Denk' du net, wenn i 'ne andre seh',(방언)

= Denkst du nicht, wenn ich eine andere sehe,(표준어 번역)

übers: über das의 준말.

das Jahr: 해, 연.

die Träubele: die Trauben(포도)의 남부 독일 방언으로서, 여기서는 포도 송
　　　　이처럼 큰 눈송이를 말하는 것임.

sich einstellen: (어떤 장소에) 나타나다, 생기다.

dann: 그 경우에, 그 때에, 그렇다면, 그리고 나서.

das Schätzele: das Schätzchen(애인, 사랑하는 사람)의 남부 독일 방언.

noch: 아직, 여전히.

soll: sollen(마땅히 …해야만 한다)의 3인칭 단수 현재형. 여기서는 미래의 상

황을 나타내는 조동사로 쓰인 것임.

die Hochzeit: 결혼식.

jm. gehören: (누구에게) 딸리다, 속하다.

〈3절, 2행〉

stell i hier mi wiedrum ein; (방언)

= stell' ich hier mich wiederum ein; (표준어 번역)

가사 번역

정녕 나는, 정녕 나는 이 작은 도시를 떠나가야만 하는가,

이 작은 도시를 떠나가야만, 그리고 그대 내 사랑은 여기에 머무는가.

내가 오면, 내가 오면, 내가 다시 돌아오면,

다시 돌아오면, 나는 내 사랑 그대에게 들리리다.

내가 언제나 그대 곁에 있을 수 없을 지라도, 나의 기쁨은 그대에게 있다오!

내가 오면, 내가 오면, 내가 다시 돌아오면,

다시 돌아오면, 나는 내 사랑 그대에게 들리리다.

내가 떠나가야만 하니, 떠나가야만 하니,

사랑이 이제 끝난 것 처럼, 그대는 그리도 우는구려, 그대는 그리도 우는구려;

저 밖에도, 저 밖에도 아가씨들이 많이 있을지라도,

아가씨들이 많이 있을지라도, 사랑하는 그대여, 나는 그대 곁에 신실하게 머물겠소.

내가 다른 아가씨를 보게 되면, 내 사랑의 마음이 떠나버릴 거라고

생각하지 말아요; 저 밖에도 또한,

저 밖에도 또한 아가씨들이 많이 있을지라도,

아가씨들이 많이 있을지라도, 사랑하는 그대여, 나는 그대 곁에 신실하게 머물
겠소.

해가 지나고, 또 해가 지나, 큰 눈송이가 많이 내리면,

큰 눈송이가 많이 내리면, 나는 여기로 다시 오겠소;

그러면 나는, 그러면 나는 여전히 당신의 애인이요,

여전히 애인이요, 그리하여 결혼식을 올리게 될 거요.

해가 지나서, 때가 지나가면,

그때 나는 나의 것이자 당신의 것이요,

그러면 나는, 그러면 나는 여전히 당신의 애인이요,

여전히 애인이요, 그리하여 결혼식이 있게 될 거요.

노래 해설

　"정녕 나는, 정녕 나는 Muß i denn, Muß i denn"이라는 독일어 제목의 이 「이
별」 노래는 독일 남부 쉬바벤 지방에서 나온 것으로서, 사랑하는 사람을 두고 떠나
가야만 하는 이별의 상황에서 변치 않는 사랑으로 먼 훗날 다시 만나 결혼하게 되
리라는 기대와 소망을 담은 노래이다. 이 노래는 쉬바벤 지방의 사투리로 되어 있
으며, 제2, 3절 가사는 독일 튀빙엔에서 교사로 있었던 하인리히 바그너 Heinrich
Wagner가 1824년에 작사한 것이다. 이 노래의 곡조는 "노래는 즐겁다"라는 제목
의 노래로 우리나라에 소개되어, "노래는 즐겁구나 산 너머 길…"이라는 가사로
우리에게 잘 알려져 있다.

작사자 소개

하인리히 바그너 Heinrich Wagner: 독일 후기 낭만파 시인 루드비히 울란트 Ludwig Uhland의 제자.

노래 부르기

이 「이별 Muß i denn, Muß i denn」 노래는 사랑하는 사람과 이별해야만 하는 상황을 노래하고 있다. 그러나 이 노래는 또한 이별 후에 변함없는 사랑으로 다시 만나 훗날 결혼하게 되리라는 약속과 희망을 표출하고 있다. 그러므로 이 독일 노래는 우리나라에 소개된 같은 곡조의 동요 「노래는 즐겁다」와는 그 가사 내용이 완전히 다르다는 것을 인식하고, 독일어 가사의 내용을 염두에 두면서 중간 정도의 빠르기(모데라토)로 부르도록 하자.

이 「이별」 노래와 엘비스 프레슬리?
이 독일 민요 「이별 Muß i denn, Muß i denn」은 미국의 유명한 가수 엘비스 프레슬리의 공연 목록에도 들어 있었다고 한다.

15. Horch, was kommt von draußen rein

들어봐라, 밖에서 누가 들어오는지

1. Horch, was kommt von draußen rein? hollahi! hollaho!

    Wird wohl mein Feinsliebchen sein. hollahiaho!

    Geht vorbei und schaut nicht rein, hollahi, hollaho,

    wird's wohl nicht gewesen sein, hollahiaho!

2. Leute haben's oft gesagt, hollahi, hollaho,

daß ich ein Feinsliebchen hab, hollahiaho.

Laß sie reden, schweig fein still, hollahi, hollaho,

kann ja lieben, wen ich will, hollahiaho!

3. Wenn mein Liebchen Hochzeit hat, hollahi, hollaho,

ist für mich ein Trauertag, hollahiaho.

Geh ich in mein Kämmerlein, hollahi, hollaho,

trage meinen Schmerz allein, hollahiaho.

4. Wenn ich dann gestorben bin, hollahi, hollaho,

trägt man mich zum Grabe hin, hollahiaho,

setzt mir keinen Leichenstein, hollahi, hollaho,

pflanzt mir drauf Vergißnichtmein, hollahiaho.

어휘 및 문법

horch: horchen(귀를 기울이다)의 명령형.

'rein: herein의 준말.

hereinkommen: 들어오다.

draußen: 바깥에서.

das Feinsliebchen: 애인(여자)의 시적인 표현.

geht vorbei: vorbeigehen((걸어) 지나가다)의 3인칭 단수 현재형.

schaut: schauen(보다, 바라보다)의 3인칭 단수 현재형.

wohl: 아마, 혹시.

die Leute: 사람들.

oft: 자주.

gesagt: sagen(말하다)의 과거분사형.

das Feinsliebchen: 애인(여자)

laß: lassen(허용하다, …하도록 하다)의 2인칭 단수 명령형.

reden: 말하다, 이야기하다.

schweigen: 말을 하지 않다, 침묵하다.

fein: 아주 작은, 정교한, 아주 좋은, 상냥한, 섬세한.

lieben: 사랑하다.

das Liebchen: 사랑하는 사람, 애인.

die Hochzeit: 결혼식.

der Trauertag: 슬픔의 날, 애도의 날.

gehe: gehen(가다)의 1인칭 단수 현재형.

das Kämmerlein: = das Kämmerchen. 작은 방.

trage: tragen(나르다, 지다, 지니다)의 1인칭 단수 현재형.

der Schmerz: 아픔, 고통.

allein: 홀로, 다만, 단지.

gestorben: sterben(죽다)의 과거분사형.

trägt: tragen(나르다, 지다, 지니다)의 3인칭 단수 현재형.

das Grab: 묘, 무덤. graben(파다, 캐다)의 명사형.

setzt: setzen(앉히다, 놓다)의 3인칭 단수 현재형.

der Leichenstein: 묘석.

pflanzt: pflanzen(심다)의 3인칭 단수 현재형.

das Vergißnichtmein: = das Vergißmeinnicht. 물망초.(차마 못 잊는 듯이 천
천히 시드는 꽃) 여기에서 mein은 ich의 2격형.

vergiß: vergessen(잊다, 망각하다)의 2인칭 단수 명령형.

가사 번역

들어봐라, 밖에서 누가 들어오는지. 홀라히! 홀라호!

나의 귀여운 애인일지 모른다. 홀라히야호!

그냥 지나쳐 버리며 들여다보지 않는데, 홀라히, 홀라호,

아마 (내 애인이) 아니었을지도 모르지, 홀라히야호!

사람들은 자주 말했다, 홀라히, 홀라호,

나에게 귀여운 애인이 있다고, 홀라히야호.

사람들이 말을 할테면 하고, (아니면) 잠자코 조용히 있어라, 홀라히, 홀라호,

나는 정말 내가 사랑하고자 하는 사람을 사랑할 수 있는거야, 홀라히야호!

만약 내 애인이 결혼식을 올린다면, 홀라히, 홀라호,

나에게 그것은 슬픔의 날이겠지, 홀라히야호.

나는 내 작은 방으로 들어가, 홀라히, 홀라호,

나의 고통을 홀로 짊어지겠지, 홀라히야호.

그러다가 내가 죽으면, 홀라히, 홀라호,
사람들은 나를 무덤으로 실어 나른다, 홀라히야호,
내 무덤에는 묘석을 세우지 않고, 홀라히, 홀라호,
그 위에 물망초를 심는다네, 홀라히야호.

노래 해설

「들어봐라, 밖에서 누가 들어오는지 Horch, was kommt von draußen rein」라
는 제목의 이 노래는 옛날 독일의 바덴 Baden 지역에서 나온 민요인데, 실연을 당
한 남자가 과장된 홍겨움으로 실연의 고통을 덜어버리고자 하는 의도를 보여준다.

노래 부르기

이 노래는 1, 2절에서 사랑하는 사람의 들뜬 기분과 행복을 노래하고, 3, 4절에
서는 사랑하는 사람과의 결혼이 이루어지지 않아 사랑에 실패하는 사람의 슬픈 심
정을 토로하고 있다. 그런데 1, 2, 3, 4절 모두 '홀라히, 홀라호! 홀라이야호!' 등의
반복적인 후렴으로 경쾌한 분위기를 자아내고 있다. 그러므로 이 노래는 사랑의
기쁨과 슬픔을 경쾌한 리듬과 후렴으로 한데 묶어 놓았다고 할 수 있다. 이 노래는
전체적으로 가볍고 경쾌하게 알레그로의 속도로 빠르게 부르는데, 각 절의 후반부
는 약간 느리게 부르도록 하자.

16. Du, du liegst mir im Herzen

그대는 내 마음 속에

노래가사

1. Du, du liegst mir im Herzen,

   Du, du liegst mir im Sinn!

   Du, du machst mir viel Schmerzen,

   Weißt nicht, wie gut ich dir bin;

   Ja, ja, ja, ja, weißt nicht,

   Wie gut ich dir bin!

2. So, so wie ich dich liebe,

   So, so liebe auch mich!

   Die, die zärtlichsten Triebe

Fühl' ich nur einzig für dich.

Ja, ja, ja, ja, weißt nicht,

Wie gut ich dir bin!

3. Doch, doch darf ich dir trauen,

   Dir, dir mit leichtem Sinn?

   Du, du kannst auf mich bauen;

   Weißt ja, wie gut ich dir bin!

   Ja, ja, ja, ja, weißt nicht,

   Wie gut ich dir bin!

4. Und, und wann in der ferne

   Mir, mir dein Bild erscheint;

   Dann, dann wünsch' ich so gerne,

   Daß uns die Liebe vereint.

   Ja, ja, ja, ja, weißt nicht,

   Wie gut ich dir bin!

어휘 및 문법

liegst: liegen(누워 있다, 놓여 있다)의 2인칭 단수 현재형.

das Herz: 심장, 마음.

im Herzen liegen: …가 마음 속에 있다.

im Sinn liegen: …가 마음, 생각 속에 있다.

machst: machen(만들다, 하다, 행하다, 일으키다)의 2인칭 단수 현재형.

viel: 많은, 많이.

jm. Schmerz(en) machen: …에게 고통을 주다.

weißt: wissen(알다, 알고 있다)의 2인칭 단수 현재형.

wie: 얼마나, 어떻게.

gut: 좋은, 선한.

liebe(1행): lieben(사랑하다)의 1인칭 단수 현재형.

liebe(2행): lieben(사랑하다)의 2인칭 단수 명령형.

auch: …도, 또한, 역시.

zärtlichst: zärtlich((마음씨가) 고운, 사랑이 넘치는)의 최상급형.

die Triebe: der Trieb(충동)의 복수형.

fühle: fühlen(느끼다)의 1인칭 단수 현재형.

nur: 오직.

einzig: 유일한, 비할 나위 없는.

doch: 그래도, 하지만, 그러나.

darf: dürfen(…해도 좋다, 허락되어 있다)의 1인칭 단수 현재형.

jm. trauen: 누구를 믿다, 신뢰하다.

leicht: 가벼운, 경쾌한, 쉬운, 경솔한.

der Sinn: 감각, 감성, 감수성, 생각.

auf jn. bauen: = sich auf jn. verlasen. 누구를 믿다, 누구에게 의지하다, 의뢰
하다.

bauen: 짓다, 세우다, (땅을) 갈다.

wann: 언제. 원래 wenn과 같은 말이었으나 18세기 중엽에 갈라졌음. 여기서는 wenn의 뜻으로 쓰인 것임. …일 때에는, …일 경우에는.

die Ferne: 멀음, 아득함, 먼 곳, 먼 옛날.

das Bild: 모습, 상, 모양, 그림. bilden(형성하다)의 명사형.

erscheint: erscheinen(나타나다)의 3인칭 단수 현재형.

wünsche: wünschen(원하다, 바라다)의 1인칭 단수 현재형.

gern(e): 즐겨, 기꺼이.

vereint: vereinen(= vereinigen, 하나로 하다, 합일하다)의 3인칭 단수 현재형.

가사 번역

그대, 그대는 내 마음 속에 있네,

그대, 그대는 내 생각 속에 있네!

그대, 그대는 나에게 많은 고통을 주고 있는데,

내가 그대를 얼마나 사랑하는지, 그대는 모른다네;

정말, 정말, 정말, 정말, 내가 그대를 얼마나 사랑하는지,

그대는 모른다네!

그토록, 내가 그대를 사랑하듯이 그토록,

그토록, 나를 또한 그토록 사랑해 주오!

넘치는 사랑으로 가득찬 이 마음은

나 오직 그대한테만 느끼는 것이라오.

정말, 정말, 정말, 정말, 내가 그대를 얼마나 사랑하는지,

그대는 모른다오!

그래도, 그래도 내가 그대를 믿어도 될까요,

가벼운 마음으로 그대를, 그대를 믿어도 될까요?

그대는, 그대는 나를 믿어도 된답니다;

내가 그대를 얼마나 사랑하는지, 그대는 정말 알지 않소!

정말, 정말, 정말, 정말, 내가 그대를 얼마나 사랑하는지,

그대는 모른다오!

그런데, 그런데 먼 훗날,

나에게, 나에게 그대의 모습 나타나면;

그러면, 그러면 나는 정말 기꺼이,

사랑이 우리를 하나로 결합시켜 주기를 소원하리다.

정말, 정말, 정말, 정말, 내가 그대를 얼마나 사랑하는지,

그대는 모른다오!

노래 해설

「그대는 내 마음 속에 Du, du liegst mir im Herzen」라는 제목의 이 노래는 독일 전역에 걸쳐 알려져 있는 노래로서, 약 1830년경 북부 독일에서 나온 것으로 추정된다.

노래 부르기

　사랑하는 사람에 대한 깊은 사랑의 마음을 표현함과 동시에, 상대방에게 사랑을 호소하는 이 노래는 그러한 사랑의 심정을 헤아리면서, 안단테의 속도로 "약간 느리게"(Etwas langsam) 부르도록 하자.

17. Der Lindenbaum

보리수

Text: Wilhelm Müller, 1822
Melodie: Aus "Die Winterreise" von Franz Schubert, 1827

노래가사

1. Am Brunnen vor dem Tore,

   da steht ein Lindenbaum;

   ich träut' in seine Schatten

   so manchen süßen Traum.

   Ich schnitt in seine Rinde

   so manches liebe Wort;

   es zog in Freud und Leide

zu ihm mich immer fort,

zu ihm mich immer fort.

2. Ich mußt' auch heute wandern

vorbei in tiefer Nacht,

da hab ich noch im Dunkel

die Augen zugemacht.

Und seine Zweige rauschten,

als riefen sie mir zu:

Komm her zu mir, Geselle,

hier findst du deine Ruh,

hier findst du deine Ruh!

3. Die kalten Winde bliesen

mir grad ins Angesicht;

der Hut flog mir vom Kopfe,

ich wendete mich nicht.

Nun bin ich manche Stunde

entfernt von jenem Ort,

und immer hör ich's rauschen:

du fändest Ruhe dort,

du fändest Ruhe dort!

어휘 및 문법

der Brunnen: 우물.

vor: …앞에.

das Tor: (커다란) 문.

da: 거기(에), 저기(에).

steht: stehen(서다, 서 있다)의 3인칭 단수 현재형.

der Lindenbaum: 보리수.

träumt': träumte의 준말. träumen(꿈을 꾸다)의 1인칭 단수 과거형.

der Traum: 꿈.

der Schatten: 그늘, 그림자.

manch: 여러, 꽤 많은. 전에는 viel을 뜻했으나 지금은 einige와 viele의 중간
　　　　정도를 나타냄.

süß : 달콤한.

schnitt: schneiden(자르다, 새기다)의 과거형.

die Rinde: 나무 껍질.

lieb: 사랑하는, 사랑의.

das Wort: 말, 단어, 문구.

es: 여기서는 비인칭주어로 쓰인 것임.

zog: ziehen(끌다, 끌어당기다, 긋다)의 3인칭 단수 과거형.

die Freude: 기쁨, 즐거움.

das Leid: 괴로움, 슬픔.

immer fort: 계속하여, 늘.

mußte: müssen(…해야만 한다)의 1인칭 단수 과거형.

heute: 오늘.

wandern: 도보 여행하다.

vorbei: (곁을) 지나서, 통과하여.

tief: 깊은.

die Nacht: 밤.

noch: 아직, 여전히.

das Dunkel: 어두움.

die Augen: das Auge(눈)의 복수형.

zugemacht: zumachen(닫다)의 과거분사형.

die Zweige: der Zweig(가지)의 복수형.

rauschten: rauschen(쏴쏴, 좔좔 소리내다)의 3인칭 복수 과거형.

als: 여기서는 als다음에 ob가 생략된 것임. 마치 …(인 것) 처럼.

riefen jm. zu: jm. zurufen(누구를 부르다, 말을 건네다)의 3인칭 복수 과거형.

komm her: herkommen(이쪽으로 오다)의 2인칭 단수 명령형.

der Gesell(e): 동무, 사나이.

findst: finden(발견하다)의 2인칭 단수 현재형.

die Ruh(e): 휴식, 고요함, 평안, 침착.

kalt: 추운, 찬, 싸늘한.

die Winde: der Wind(바람)의 복수형.

bliesen: blasen(바람이 불다)의 3인칭 복수 과거형.

grad: gerade의 준말. 곧은, 반듯한, 똑바른, 정직한, 솔직한, (똑)바로.

das Angesicht: 얼굴.

Der Hut: 모자.

flog: fliegen(날다, 날아가다)의 3인칭 단수 과거형.

der Kopf: 머리, 두뇌.

sich wenden: 방향이 바뀌다, 회전하다, 변하다, 방향을 돌리다.

nun: 지금, 이제.

manche Stunde: 여러 시간.

entfernt: entfernen(멀리 하다, 떼어놓다)의 과거분사형. 먼, 떨어진, 멀리에서.

von jenem Ort: 그 곳으로부터.

immer: 늘, 언제나, 항상, 영원히.

höre: hören(듣다)의 1인칭 단수 현재형.

fändest: finden(발견하다)의 2인칭 접속법 2식형.

가사 번역

성문 앞 우물가에,

보리수 한 그루 서 있네;

그 보리수 그늘 아래에서

나는 그리도 여러 번 단꿈을 꾸었지.

나는 그 보리수 가지에다

그토록 여러 번 사랑의 말을 새겼지;

기쁠 때나 슬플 때나

나는 언제나 그 보리수에게,

나는 언제나 그 보리수에게 갔었지.

나는 오늘도 깊은 밤을 지나

떠돌아 다녀야만 했네,

그때 어두움 속에서도

나는 눈을 감았지.

그런데 보리수 가지들이 쏴쏴 소리를 내며,
나를 부르는 것 같았네:
친구여, 나에게로 이리 오게나,
여기에서 자네는 안식을 얻을 걸세,
여기에서 자네는 안식을 얻을 걸세!

차가운 바람이
내 얼굴로 맞바로 불어 닥쳤네;
모자가 벗겨져 날아가 버렸지만,
나는 몸을 돌리지 않았네.
지금 나는 그 곳으로부터
여러 시간 걸리는 거리에 떨어져 있지만,
그래도 여전히 나는 보리수가 쏴쏴하며 내는 소리를 듣고 있네:
자네는 거기에서 안식을 찾을텐데,
자네는 거기에서 안식을 찾을텐데!

노래 해설

　"성문 앞 우물가에 Am Brunnen vor dem Tore"라는 제목으로도 많이 알려져 있는 이 「보리수 Der Lindenbaum」는 1822년 빌헬름 뮐러 Wilhel Müller가 쓴 시에 1827년 슈베르트 Franz Schubert가 곡을 붙인 것이다. 이 「보리수」는 슈베르트의 연가곡집 『겨울 나그네 Winterreise』 중에서 가장 유명한 곡으로서 널리 애창되는 노래이다.

작사자 소개

빌헬름 뮐러 Wilhel Müller(1794-1827): 이 책의 77쪽 참조!

작곡자 소개

프란츠 슈베르트 Franz Schubert(1797-1828):

오스트리아의 작곡가. 빈 Wien 출생. 가곡을 비롯하여 관현악곡, 실내악, 피아노곡 등에 우수한 작품을 많이 남겨, 독일 낭만파 초기 음악을 대표한다. 그의 이름은 1821년에 「마왕 Erlkönig」이 출판되면서 가곡 작곡가로서 세상에 널리 알려지게 되었다. 슈베르트는 1822년 말에 발병한 병으로 인한 두통 때문에 평생 고통을 당하는데, 1823년 병고 속에서 작곡한 가곡집이 물방앗간 일꾼의 슬픈 이야기를 그린 『아름다운 물방앗간의 아가씨 Die schöne Müllerin』이다. 또 그는 영국의 작가 월터 스코트 Walter Scott의 「호상(湖上)의 미인」이라는 장편 서사시에 곡을 붙인 「엘렌의 노래」(여기에 유명한 곡 「아베 마리아」가 들어 있음)에 영어 가사를 곁들여서 출판했다. 1827년에는 「보리수 Der Lindenbaum」를 포함한 가곡집 『겨울 나그네 Winterreise』를 작곡하였다. 슈베르트는 31세의 젊은 나이로 세상을 떠났으며, 그의 유해는 본인의 희망대로 빈 벨링 묘지의 베토벤 무덤 옆에 매장되었다. 빈에 있는 슈베르트의 생가에는 1912년 이후부터 슈베르트 박물관이 들어서있다.

슈베르트는 천성이 명랑하고 상냥하며 사교적이었다. 그의 주위에는 뜻을 같이 하는 친구들이 모여 서클을 이루었다. 이 슈베르트 서클 Schubertiaden에는 시인인 쇼버 F. v. Schober, 마이어호퍼 J. Mayrhofer, 바우어른펠트 E. v. Bauernfeld와 그릴파르처 F. Grillparzer가 있었으며, 화가인 쉬빈트 M. v. Schwind, 쿠펠비저 L. Kupelwieser, 법률가인 쉬파운 J. v. Spaun, 손라이트너 L. v. Sonnleitner,

성악가 포글M . Vogl과 작곡가 휘텐브레너 A. Hüttenbrenner와 라흐너 F. Lachner 등이 속해 있었다.

슈베르트의 음악은 가곡이 그 핵심을 이룬다. 그는 당시 시인들의 작품에 곡을 붙였는데, 횔티 L. Hölty, 마티손 F. Matthisson, 살리스 J. G. v. Salis, 클롭슈토크 F. G. Klopstock, 괴테 J. W. v. Goethe, 쉴러 F. Schiller, 클라우디우스 M. Claudius, 쾨르너 Th. Körner, 마이어호퍼 J. Mayrhofer, 코세가르텐 G. L. Kosegarten, 빌헬름 뮐러 W. Müller, 렐쉬타프 L. Rellstab, 하이네 H. Heine 등의 시에 작곡을 하였다.

슈베르트의 전 작품은 1000여 곡이고, 그 중 가곡은 630여 곡이다. 슈베르트는 민요의 영역을 벗어나지 못했던 가곡을 예술가곡으로까지 승화시킨 작곡가로서, 선율의 유려함, 화성의 아름다운 이행, 반주 피아노의 자율성 등이 높이 평가되고 있다. 그러므로 슈베르트를 가리켜 흔히 "가곡의 왕"이라고 부른다. 그러나 그의 재능은 오페라, 미사곡, 교향곡, 실내악, 피아노곡 등에도 발휘되고 있으며, 음악사적으로 중요한 위치를 차지하고 있다.

독일어 가사 낭독법

이 노래 「보리수 Der Lindenbaum」의 독일어 가사는 정확하게 '약강, 약강'으로 진행되는 '약강격'의 율격으로 되어 있다. 그러므로 이 노래의 독일어 가사를 낭독할 때에는 이 '약강격'의 운율을 살려 낭송하도록 한다.

노래 부르기

이 노래 「보리수 Der Lindenbaum」는, 언제나 변함없이 서 있는 보리수 나무를 통하여 위안을 받아 왔던 '겨울 나그네'의 심정을 생각하면서, "중간 정도의 빠르기"(mäßig)로 부르도록 하자.

슈베르트의 가곡에 대하여:

슈베르트는 민요에서 약간 벗어난 정도로밖에 생각되지 않았던 가곡(Lied)이라는 장르를 예술적으로 가치 있는 수준에까지 끌어 올렸다. 독일의 이웃인 프랑스에서는 옛날부터 샹송(Chanson)을 비롯한 예술적 가곡이 많이 창작되었다. 그러나 독일에서는 기악적인 음악이 주류를 이룬 나머지 예술적인 가곡이 태어날 수 있는 배경은 18세기 후반까지 전혀 조성되어 있지 못했다. 그러다가 18세기 후반에 이르러서야 가까스로 조건이 성숙되기 시작했다. 그 이유는 두 가지가 있다. 하나는 작곡가 쪽에 있었고, 다른 하나는 괴테나 쉴러 같은 뛰어난 시인들이 잇달아 훌륭한 시들을 내놓음으로써 그 기운이 무르익어 갔던 것이다.

무릇 가곡의 작곡에는 풍부한 선율을 만들어내는 천분과, 시가 표현하는 세계에 대한 예민하고도 섬세한 감각을 지닌 천재가 필요하다. 1797년, 다시 말해서 이때는 모짜르트가 죽은 지 6년, 베토벤이 빈에 나와서 신진 작곡가로서 기반을 굳히고 있던 때인데, 이 해에 빈에서 태어난 슈베르트는 그야말로 독일 가곡에 대한 독특한 사명과 천부의 재능을 타고난 가곡의 대천재였다.

그러면 그토록 높은 예술적 가치를 부여한 슈베르트의 가곡은 어떠한 특색을 지니고 있을까?

첫째, 시와 음악의 합일이다. 슈베르트는 시에 쓰여진 언어의 뉘앙스를 아주 정확히 포착해서 음악을 만들었다.

둘째, 곡의 반주로 단지 화음을 보강할 뿐만이 아니라, 시 전체의 분위기를 표현하고자 했다. 예를 들어「물레 잣는 그레트헨」에서는 피아노의 오른손에 줄곧 물레가 빙글빙글 도는 듯한 음형(音型)을 치게 하고 있으며, 연가곡집『겨울 나그네』의 유명한「보리수」에서는 전주(前奏)와 후주(後奏)에 보리수 잎이 부스럭거리는 음형이 나타나는 따위다.

셋째, 선율의 다양성과 아름다움이다.

슈베르트의 『아름다운 물방앗간의 아가씨 Die schöne Müllerin』:

슈베르트가 26세 때인 1823년 빌헬름 뮐러 Wilhelm Müller의 시에 곡을 붙인 연가곡집. 슈베르트의 수많은 가곡 중에서『겨울 나그네 Winterreise』와 함께 가장 대중적인 작품이며, 독일 낭만파 가곡의 상징적 작품으로 평가받고 있다. 몇 곡의 가곡을 짝지어서 작곡한다는 일은 이미 베토벤의「먼 곳의 애인에게」라는 선례가 있긴 하지만, 이 가곡집처럼 일관된 이야기를 담은 노래를 모은 것은 이것이 처음이다. 죽음의 병상에서 이 연가곡집의 소식에 접한 베토벤은 "슈베르트에게는 성스러운 불꽃이 있다"고 격찬했다는 이야기는 너무나도 유명하다.

슈베르트가 이 가곡집에 손을 대게 된 계기는 아주 우연한 것이었다. 그의 친구 란트하르팅어 B. Randhartinger(1802-1893)가 전하는 이야기를 대충 간추려 소개하면 다음과 같다: 어느 날 슈베르트는 그의 친구 란트하르팅어를 찾아갔는데, 때마침 그는 외출하고 없었다. 그래서 슈베르트는 하는 수 없이 그가 돌아오기를 기다리기로 했는데, 얼핏 책상 위를 보니 읽다가 두고 간 시집 한 권이 있었다. 그것은 빌헬름 뮐러 Wilhelm Müller(1794-1827)의 시집인데, 란트하르팅어는 스스로 작곡해 볼 양으로 그것을 읽고 있었던 것이다. 슈베르트는 무심코 그 책장을 넘기면서 읽기 시작했는데, 단박에 그 내용이 맘에 들어서 그 시에 곡을 붙이려고 친구에게 말도 없이 그 시집을 가지고 돌아왔다. 이튿날 란트하르팅어가 슈베르트를 찾아갔더니, 벌써 그 중 3편의 시에 곡이 붙여져 있었다. 슈베르트는 무단히 책을 들고 온 것을 사과하면서 작곡한 것을 들려주었다고 한다.

슈베르트를 그토록 홀린 시집은 1816년에서 1820년 사이에 쓴 뮐러의 초기 작품이며, 1821년에 「발트호른 주자의 유고 시집」 제1부로서 출판된 것이다. 이 시집은 25편의 시로 이루어져 있는데, 슈베르트는 그 중 프롤로그와 에필로그 외에 3편의 시를 제외한 20편의 시에 곡을 달았다. 또 제목과 가사의 일부를 고쳤을 뿐, 슈베르트는 거의 원시에 따르고 있다.

이 연가곡집 『아름다운 물방앗간의 아가씨』의 내용을 대충 간추려 보면, 제분공(製粉工)으로서 견습공 과정을 마친 한 젊은이가 일터를 찾아 떠돌아다니다가 어느 냇가에 있는 물방앗간에 취직하여 그 집 아가씨를 사랑하게 된다. 그는 온 정성을 다 바치지만, 그 아가씨는 사냥꾼에게 마음이 끌리므로 젊은이는 실연을 당하고 만다. 괴로움을 겪은 후에 그는 냇물에 몸을 던져 영원한 안식을 찾는다는 줄거리로, 젊은이의 심정 변화가 20곡의 노래로 엮어져 있다.

긴밀하게 결합된 각 곡에서 공통적으로 볼 수 있는 특징은, 시와 음악에 제각기 낭만파 특유의 "소박함에의 동경"이 강하게 표출되어 있다는 점이다. 제1곡 「방랑」에 보이듯이 전체의 반수 가까이가 민요풍의 유절가곡 형식을 취하고 있다. 소박한 표현을 지향하고 있다고 해도 제18곡 「시든 꽃」에서의 장송행진곡 리듬처럼, 정경묘사와 심리묘사에 중요한 역할을 하는 피아노 반주는, 이 가곡집이 복잡한 고도의 작곡기법을 구사하는 예술가곡임을 말해주고 있다. 한편 이 가곡집의 피아노 반주부에는 이 이야기의 배경을 이루는 냇물의 음형이 바그너의 주도동기(Leitmotiv)처럼 일관하여 흐르고 있다.

슈베르트의 『겨울 나그네 Winterreise』:

『아름다운 물방앗간의 아가씨』보다 4년 늦은 1827년에 작곡된 슈베르트의 가곡집으로서, 24곡으로 이루어진 연가곡집. 『아름다운 물방앗간의 아가씨 Die schöne Müllerin』, 『백조의 노래 Schwanengesang』와 나란히 그의 3대 가곡집 중의 하나인 동시에, 독일 가곡에 새로운 장을 연 걸작으로도 유명하다. 『아름다운 물방앗간의 아가씨』와 마찬가지로 빌헬름 뮐러 Wilhelm Müller의 시에 작곡된 이 가곡집은 사랑에 실패한 젊은이가 정처 없이 겨울 여행을 떠나 방랑하는 심상 풍경(心象 風景)을 주제로 했으며, 『아름다운 물방앗간의 아가씨』와 같은 일관된 줄거리는 없지만, 사랑에 실패하여 현실과 환상 사이를 방황하는 젊은이의 심리가 한

토막씩 나타났다가 사라지는 것처럼 그려져 있다

이 연가곡집『겨울 나그네』는 뮐러의 시를, 순서는 조금 바꿨지만 생략 없이 전부 작곡했는데, 그 줄거리는 대충 다음과 같다. 사랑을 잃은 젊은이가 실의와 굴욕과 슬픔에 빠진 나머지, 겨울 황야를 정처 없이 떠나간다. 그는 날이 새기 전에 거리를 떠난다. 몸을 찌르는 듯한 찬바람을 맞으면서 눈과 얼음의 세계를, 오직 사랑을 잊어버리기 위해 걸어간다. 그는 절망에서 어느덧 광기(狂氣)의 징조까지 보인다. 죽음을 원했지만 거부된다. 마지막에 길바닥에 걸식(乞食)하는 늙은 악사와 손을 맞잡고 눈이 펑펑 쏟아지는 속을 비틀거리면서 사라진다.

『아름다운 물방앗간의 아가씨』에서는 똑같이 실연한 젊은이의 이야기라고는 하지만, 모든 것이 감미롭고 동경에 차 있었으며, 게다가 감상적(感傷的)이기조차 했다. 그런데 이『겨울 나그네』에서는 모든 것이 아주 어둡고 절망적이다.『아름다운 물방앗간의 아가씨』에서는 비애가 도달할 곳도 있었고, 그것을 위로해 주는 냇물이라도 있었다. 그런데『겨울 나그네』에서 방황하고 있는 사나이에게는 비애를 처리할 방법도 장소도 이 세상에는 없는 듯이 보인다. 이처럼 전체가 어둡고 절망적인 분위기에 젖어 있는 점에서 병, 가난, 인간관계의 불화 등 죽기 전 해에 슈베르트 자신을 둘러싸고 있던 여러 가지 괴로움이 이 작품에 반영되어 있다고 볼 수도 있을 것이다.

음악적으로는 유연하고 자유로운 선율과 피아노 반주에 현저하게 충실한 점 등을 이 가곡집의 특징으로 들 수 있다. 특히 복잡한 심리묘사를 가능케 한 반주부에 대한 평가는 높고, 독일 낭만파 가곡에서의 반주 서법에 크나큰 영향을 끼쳤다. 전 24곡 중에는 제9곡「도깨비 불」처럼 극적이고 변화에 넘친 작품도 포함되어 있지만, 대부분의 곡은 체념에 지배된 가사에 따라 적막한 아름다움을 음악으로 표현하고 있다. 고향 동네에 대한 그리움을 소박하게 노래한 제5곡「보리수 Der Lindenbaum」는 특히 유명하며, 합창용으로도 편곡되어 전세계에서 널리 불려지고 있다.

슈베르트는 이 가곡집『겨울 나그네』로써 독자적 경지를 개척했고, 가곡 분야에서는 그때까지 아무도 도달하지 못했던 높이에 이르렀던 것이다. 그로부터 1년 후 출판사에서 보내온『겨울 나그네』의 교정쇄를 본 것을 마지막으로 인사불성(人事不省)에 빠져, 불과 31세의 젊은 나이에 슈베르트는 세상을 뜨고 말았던 것이다.

슈베르트의 친구였던 쉬파운 J. von Spaun(1788-1865)은 이 가곡집의 전반 12곡이 완성된 무렵으로 추정되는 때의 사연을 다음과 같이 전하고 있다: "슈베르트는 그 무렵에 이상하게도 침울하고 기운이 없어 보였다. 어느 날 그를 만났더니 '오늘 쇼버 F. von Schober(슈베르트의 친구였던 극작가, 슈베르트 서클의 일원)의 집에 오지 않겠나? 신작의 가곡집을 들려줄 테니까. 이 노래들은 이제까지 작곡한 어떤 곡보다도 공을 들였는데, 자네들의 의견을 듣고 싶네' 하는 것이었다. 그는 감정을 담아서『겨울 나그네』전편(全篇)을 노래불렀는데, 우리는 잇달아 부르는 노래가 한결같이 비애감에 젖어 있는 데에 놀랐다. 쇼버가 옆에 있다가, 그 가운데에서는「보리수」한 곡만이 좋다고 의견을 말하자, 슈베르트는 '나는 이 가곡집의 노래 전부가 다른 어떤 것보다 좋네. 자네들도 곧 좋아하게 될 걸세' 라고 말했다."

18. Die Lorelei

로렐라이

Text: Heinrich Heine, 1823
Melodie: Friedrich Silcher, 1838

노래가사

1. Ich weiß nicht, was soll es bedeuten,

   daß ich so traurig bin;

   ein Märchen aus alten Zeiten,

   das kommt mir nicht aus dem Sinn.

   Die Luft ist kühl, und es dunkelt

   und ruhig fließt der Rhein,

   der Gipfel des Berges funkelt

   im Abendsonnenschein.

2. Die schönste Jungfrau sitzet

dort oben wunderbar,

ihr goldnes Geschmeide blitzet,

sie kämmt ihr goldenes Haar;

sie kämmt es mit goldenem Kamme

und singt ein Lied dabei,

das hat eine wundersame

gewaltige Melodei.

3. Den Schiffer im kleinen Schiffe

ergreift es mit wildem Weh;

er schaut nicht die Felsenriffe,

er schaut nur hinauf in die Höh.

Ich glaube, die Wellen verschlingen

am Ende Schiffer und Kahn,

und das hat mit ihrem Singen

die Lorelei getan.

어휘 및 문법

weiß: wissen(알다, 알고 있다)의 1인칭 단수 현재형.

soll: sollen의 3인칭 단수 현재형.

bedeuten: 의미하다, 뜻 깊다, (어떠한) 뜻을 나타내다.

traurig: 슬픈, 애처로운.

das Märchen: 동화, 이야기.

alt: 옛, 옛날의, 오래 된.

die Zeiten: die Zeit(시간, 시대, 기간)의 복수형.

aus dem Sinn kommen: …을 잊어버리다.

die Luft: 공기.

kühl: 시원한, 서늘한.

es dunkelt: 어두워진다, 해가 진다.

ruhig: 고요히, 평온한.

fließt: fließen(흐르다)의 3인칭 단수 현재형.

der Rhein: 라인강.

der Gipfel: 꼭대기, 정점.

der Berg: 산.

funkelt: funkeln(번쩍 번쩍 빛나다)의 3인칭 단수 현재형.

der Abendsonnenschein: 저녁 햇빛.

schön: 아름다운, 훌륭한.

die schönste Jungfrau: 가장 아름다운 아가씨.

sitzt: sitzen(앉아 있다)의 3인칭 단수 현재형.

dort: 거기에, 저기에.

oben: 위에, 높은 곳에, 하늘에.

wunderbar: 놀라운, 기적적인, 비범한.

golden: 금의, 금빛의.

das Geschmeide: 금은 세공. (금은의) 장신구.

blitzt: blitzen(번쩍이다, 빛나다)의 3인칭 단수 현재형.

kämmt: kämmen(빗질하다, 빗다)의 3인칭 단수 현재형.

das Haar: 털, 머리 털.

der Kamm: 빗.

singt: singen(노래하다)의 3인칭 단수 현재형.

das Lied: 노래, 가곡.

dabei: 그 곁에, 그 때에, 그와 동시에.

gewaltig: 권력이 있는, 강력한.

die Melodei: die Melodie(멜로디, 선율)의 시적인 표현.

der Schiffer: 뱃사람, 뱃사공, 선원.

klein: 작은.

das Schiff: 배.

ergreift: ergreifen(붙잡다, 붙들다)의 3인칭 단수 현재형.

wild: 야생의 야만의, 사나운, 거친.

das Weh: 비탄(의 부르짖음), 아픔, 고통.

schaut: schauen(보다)의 3인칭 단수 현재형.

das Felsenriff: 암초.

der Felsen: 바위, 암석.

das Riff: 암초.

hinauf: 위로, 위쪽으로.

die Höhe: 높음, 높이, 높은 곳.

glaube: glauben(믿다, …라고 생각하다)의 1인칭 단수 현재형.

die Wellen: die Welle(물결, 파동)의 복수형.

verschlingen: 삼키다.

am Ende: 최후에, 마침내, 결국은.

der Kahn: 작은 배.

getan: tun(하다, 행하다)의 과거분사형.

가사 번역

내가 그토록 슬퍼하는 것이,

무얼 의미하는지, 난 모르겠다;

옛날부터 전해져 온 동화 하나,

그 동화가 내 마음 속에서 떠나질 않는구나.

공기는 서늘하고, 날은 어두워졌으며

고요히 라인강은 흐르는구나,

산봉우리는 저녁 노을 속에서

찬란하게 빛나도다.

너무도 아름다운 아가씨가

저 위에 놀라운 자태로 앉아 있구나,

그녀의 금빛 장신구는 번쩍거리고,

그녀는 금발머리를 빗질한다;

그녀는 금빗으로 머리를 빗으면서

노래를 부르는도다,

너무도 아름답고

강렬한 선율의 노래를.

그 노래가 작은 배에 탄 뱃사공을

고통의 격랑으로 사로잡으니;

그는 바위 암초를 보지 않고,

그저 저 위 높은 곳만을 바라보는구나.
내 생각에, 파도가 마침내
뱃사공과 작은 배를 삼켜버리니,
바로 이것은 로렐라이가
노래를 부르면서 한 일이었도다.

노래 해설

이 노래는 그 유명한 「로렐라이 Die Lorelei」이다. 로렐라이는 독일 라인강의 중류, 즉 프랑크푸르트와 쾰른 사이 라인 강변에 있는 커다란 언덕 바위의 이름이다. 옛날 이 로렐라이 바위 위에서 아름다운 처녀(마녀)가 금발머리를 빗으면서 애인을 기다리는 가운데 노래하는 소리에 라인강을 지나던 뱃사람들이 홀려서 마침내 배가 물결에 휩쓸려 배와 함께 가라앉게 된다는 전설이 있다. 이 전설에 바탕을 두고 1823년 하이네 Heinrich Heine가 쓴 시에 1838년 프리드리히 질허 Friedrich Silcher가 곡을 붙인 것이 이 노래이다. 지금은 독일 민요처럼 되어서 전 세계에 퍼져 있다.

작사자 소개

하인리히 하이네 Heinrich Heine(1797-1856):

독일의 시인. 청년독일파의 대표적 작가. 독일 뒤셀도르프에서 가난한 유태인 잡화상의 아들로 태어나, 본, 괴팅엔, 베를린 대학 등에서 법학을 공부했음. 하이네는 1831년 파리에 가서 "아우크스부르크 신문 Augusburger Allgemeine Zeitung"사 특파원으로 일하면서 프랑스와 독일 두 나라 사이의 이해 증진과 중개를 위해 노력했다. 그 후 그는 그대로 파리에 망명하여 죽을 때까지 그 곳에서 지냈다.

하이네는 낭만주의의 영향을 받아 그 자신 스스로 낭만주의적인 작품을 많이 썼으면서도, 한편으로는 많은 낭만주의자들이 현실도피적이며 과거지향적, 보수적이라 하여 낭만주의를 비판하였다. 하이네는 19세기에 독일에서 괴테 다음으로 가장 많이 읽혀지는 시인에 속했다.

작곡자 소개

프리드리히 질허 Friedrich Silcher(1789-1860):

독일의 작곡가. 쉬투트가르트 근교 쉬나이트에서 태어났다. 처음에는 교사였지만 베버 C. . von Weber를 만나 음악을 지망하게 되었다. 크로이처와 후멜에게 각각 피아노와 작곡을 배운 후 1817년에 튀빙엔 대학 음악감독이 되었으며 합창단을 창단하였다. 페스탈로치 J. H. Pestalozzi의 영향을 많이 받은 질허는 페스탈로치와 같은 의미에서 음악과 민요를 통한 국민 교육에 이바지하였다. 질허는 민요에다가 합창과 가정음악적인 새로운 기반을 마련하려고 노력했다.

그는 독일을 비롯한 유럽 각지의 민요를 수집하여 출간했으며, 여러 가지 다양한 노래 형태와 악기 연주를 위하여 그 민요를 편곡하기도 하였다. 그리하여 질허는 19세기에 가장 중요한 민요 수집가이자 편곡자, 그리고 민요 작곡가가 된 것이다. 그는 250곡 정도의 가곡을 작곡했으며, 1852년에는 명예철학박사 학위를 받았다.

독일어 가사 낭독법

이 노래 「로렐라이 Die Lorelei」의 독일어 가사는 대략 '약강격'과 '강약약격'

의 율격이 혼합되어 있다. 그러므로 이 노래의 독일어 가사를 낭독할 때에는 이 율격을 염두에 두고 낭송하도록 한다.

노래 부르기

이 노래 「로렐라이 Die Lorelei」는 아름답고 유연한 선율을 살려 안단테의 빠르기로 약간 느리게 노래하도록 하자.

19. Ade zur guten Nacht

안녕, 잘 자요

Aus Mitteldeutschland, um 1850

노래가사

1. Ade zur guten Nacht!

   Jetzt wird der Schluß gemacht,

   daß ich muß scheiden.

   Im Sommer wächst der Klee,

   im Winter schneit's den Schnee,

   da komm ich wieder.

2. Es trauern Berg und Tal,

   wo ich viel tausendmal

   bin drüber gangen;

   das hat deine Schönheit gemacht,

   hat mich zum Lieben gebracht

   mit großem Verlangen.

3. Das Brünnlein rinnt und rauscht

   wohl unterm Holderstrauch,

   wo wir gesessen.

   Wie manchen Glockenschlag,

   da Herz bei Herzen lag,

   das hast du vergessen.

4. Die Mädchen in der Welt

   sind falscher als das Geld

   mit ihrem Lieben.

   Ade zur guten Nacht!

   Jetzt wird der Schluß gemacht,

   daß ich muß scheiden.

어휘 및 문법

ade!: 안녕히, 이별(작별) 인사.

die Nacht: 밤.

jetzt: 지금, 이제.

wird: werden의 3인칭 단수 현재형. 여기서는 다른 동사의 과거분사

   (gemacht)와 함께 쓰여 수동태의 의미를 나타내는 조동사로 쓰인 것임.

Schluß machen: 끝내다, 결말을 짓다.

scheiden: 가르다, 분리하다, 헤어지다. 문법적으로 볼 때는 scheiden 앞의

   muß가 scheiden의 뒤로 가야함.

der Sommer: 여름.

wächst: wachsen(자라다, 성장하다)의 3인칭 단수 현재형.

der Klee: 클로버, 토끼풀.

der Winter: 겨울.

es schneit: 눈이 온다.

der Schnee: 눈.

da: 그 때.

komm: komme의 준말. kommen(오다)의 1인칭 단수 현재형.

wieder: 다시.

es: 여기서는 문법상의 주어로서 의미상의 주어인 Berg und Tal을 가리키는 것
    임.

trauern: 슬퍼하다, 상중에 있다.

der Berg: 산.

das Tal: 골짜기.

viel: 많은, 많이, 매우, 대단히.

tausendmal: 천 번, 천 배.

drüber: darüber의 준말. 그 위에, 그 위로, 그것을 넘어서, 그것에 관하여.

gangen: gegangen(gehen(가다)의 과거분사형)을 줄인 말. 문법상으로는
         gangen 앞에 있는 bin이 gangen 뒤로 와야함.

die Schönheit: 아름다움, 미(美). schön(아름다운)의 명사형.

das Lieben: lieben(사랑하다)의 명사형.

gebracht: bringen(가져가다, 데리고 가다, 오다)의 과거분사형.

groß: 큰, 많은.

das Verlangen: verlangen(요구하다, 바라다)의 명사형. 열망, 요구.

das Brünnlein: = das Brünnchen. der Brunnen(우물)의 축소명사형.

rinnt: rinnen(흐르다, 새다, 스며 나오다)의 3인칭 단수 현재형.

rauscht: rauschen(쏴쏴, 좔좔 소리내다)의 3인칭 단수 현재형.

wohl: 좋은, 건강한, 잘.

unterm: unter dem의 준말.

unter: …의 밑에, 아래에, 밑으로, 아래로.

der Holderstrauch: 서양 말오줌나무 관목.

gesessen: sitzen(앉아 있다)의 과거분사형. 문법적으로 볼 때는 gesessen 다
　　　음에 haben이 있어야 함.

der Glockenschlag: 종 치는 소리.

das Herz: 심장, 가슴, 마음, 심정.

lag: liegen(누워 있다)의 과거형.

vergessen: vergessen(잊다, 망각하다)의 과거분사형. vergessen은 동사 원형
　　　과 과거분사형이 똑같은 형태임.

die Mädchen: das Mädchen(아가씨, 소녀)의 복수형.

die Welt: 세계, 세상.

falsch: 거짓의, 가짜의, 위조의, 틀린.

falscher: falsch의 비교급형.

das Geld: 돈.

가사 번역

1절

안녕, 잘 자요!
이제는 끝이 나서,
나는 헤어져야만 합니다.
여름에 클로버가 자라고,
겨울에 눈이 내리면,
그때 나는 다시 옵니다.

2절

내가 수천 번이나
지나 다녔던
산과 골짜기가 슬퍼합니다;
그토록 함께 다녔더니 당신이 아름답게 보였고,
너무도 간절한 열망으로
당신을 사랑하게끔 해 주었습니다.

3절

우리가 앉아 있었던 곳,
저 서양 말오줌나무 관목 아래로
작은 샘물이 좔좔 소리내며 흐릅니다.
그 숱한 종소리 울려 퍼지던 그 때,
마음과 마음을 함께 했었는데,
당신은 그것을 잊어버렸습니다.

세상의 아가씨들은

사랑하는 데에

돈보다도 더 잘못되어 있습니다.

안녕, 잘 자요!

이제는 끝이 나서,

나는 헤어져야만 합니다.

노래 해설

「안녕, 잘 자요 Ade zur guten Nacht」라는 제목의 이 노래는 1850년경 중부 독일에서 나온 노래이다. 이 노래 전체 가사의 내용은 저녁에 부르는 저녁 노래로 시작하여 헤어짐을 노래하는 이별 노래로 넘어간다. 조용한 멜로디로 인하여 이 노래는 독일에서 주로 사람들이 저녁에, 단체 모임에서 헤어질 때 마무리하는 노래로 즐겨 부른다.

독일어 가사 낭독법

이 노래 「안녕, 잘 자요 Ade zur guten Nacht」의 독일어 가사는 거의 '약강격'의 율격으로 되어 있다. 그러므로 이 노래의 독일어 가사를 낭독할 때에는 이 '약강격'의 운율을 염두에 두고 낭송하도록 한다.

노래 부르기

이 노래는 저녁에 부르는 작별과 이별의 내용을 담은 만큼, 차분하고 조용하게 안단테의 빠르기로 느리게 부르는 게 좋을 듯하다.

20. Wiegenlied

자장가

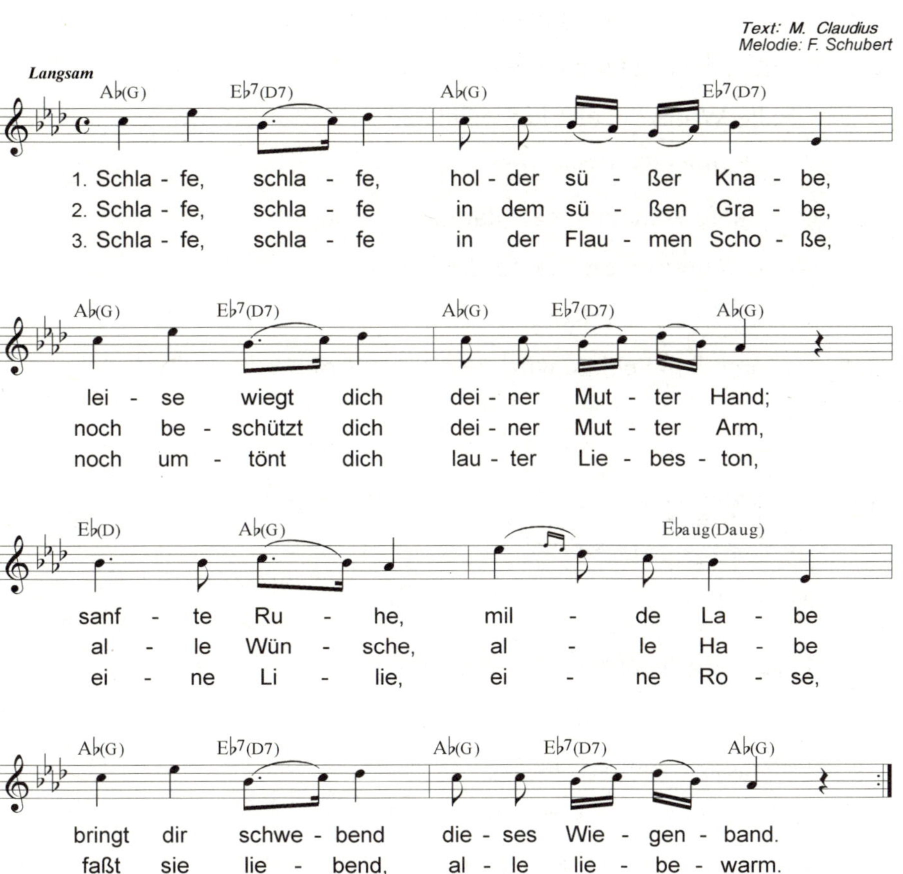

노래가사

1. Schlafe, schlafe, holder, süßer Knabe,

leise wiegt dich deiner Mutter Hand;

sanfte Ruhe, milde Labe bringt dir

schwebend dieses Wiegenband.

2. Schlafe, schlafe, in dem süßen Grabe,

noch beschützt dich deiner Mutter Arm,

alle Wünsche, alle Habe faßt sie

liebend, alle liebewarm.

3. Schlafe, schlafe in der Flaumen Schoße,

noch umtönt dich lauter Liebeston,

eine Lilie, eine Rose,

nach dem Schlafe wird sie dir zum Lohn.

어휘 및 문법

schlafe: schlafen(잠자다)의 명령형. 자거라!

hold: 귀여운, 사랑스러운.

der Knabe: 사내아이, 소년.

leise: 그윽한, 약한, (조용히) 낮은 목소리로.

wiegt: wiegen(흔들다, 요동시키다)의 3인칭 단수 현재형.

die Mutter: 어머니.

die Hand: 손.

sanft: 부드러운.

die Ruhe: 정적, 고요함, 평온, 휴식.

mild: 온화한, 부드러운.

die Labe: das Labsal. 기분을 상쾌하게 하는 것, 위안.

bringt: bringen(운반하다, 전달하다, 가지고 오다, 데려 오다)의 3인칭 단수 현

재형.

schwebend: schweben(뜨다, 흔들거리다)의 현재분사형. 흔들거리면서.

das Wiegenband: 요람을 흔드는 줄. 요람에 포대기를 묶는 끈.

das Grab: 묘, 무덤. 여기에서는 '요람' 을 상징함.

beschützt: beschützen(보호, 방어하다)의 3인칭 단수 현재형.

der Arm: 팔.

die Wünsche: der Wunsch(소원, 바램, 희망, 욕구)의 복수형.

die Habe: 재산, 소유물.

faßt: fassen(채우다, 담다, 붙잡다)의 3인칭 단수 현재형.

sie: 여기서는 어머니(Mutter)를 가리킴.

liebend: lieben(사랑하다)의 현재분사형. 사랑하면서.

liebewar: = warherzig. 온정이 있는, 정다운.

war: 따뜻한.

der Flaum: 솜털.

der Schoß: 무릎, 품.

uttönt: umtönen(…의 주위에 울려 퍼지다)의 3인칭 단수 현재형.

laut: 잘 들리는, 큰소리로.

der Liebeston: 사랑의 목소리, 음향.

die Lilie: 백합, 나리.

der Lohn: 보수, 포상, 임금, 봉급.

가사 번역

잘 자라, 잘 자라, 사랑스럽고 귀여운 아가야,

네 어머니의 손이 너를 조용히 흔들어주고 있단다;

이 요람에 달린 끈이 흔들거리면서

너에게 부드러운 평안과 달콤한 기분을 자아내고 있단다.

잘 자라, 잘 자라, 달콤한 요람 속에서,

여전히 네 어머니의 팔이 너를 보호해 주고,

네 모든 소원과 모든 소유물을 어머니가

사랑하면서, 모두 따뜻한 사랑으로 붙잡아 준단다.

잘 자라, 잘 자라, 솜털 무릎 안에서,

아직 네 주위에는 오로지 사랑의 소리만이 에워싸 있고,

자고 나면 너는 백합 한 송이, 장미 한 송이를

상으로 받게 된단다.

노래 해설

이 노래는 유명한 슈베르트 Franz Schubert의 「자장가 Wiegenlied」이다. 사랑
스럽고 아름다운 선율의 이 자장가는 슈베르트가 19살 때 작곡한 곡으로서, 가사
는 독일의 시인 클라우디우스 Matthias Claudius가 썼다.

작사자 소개

마티아스 클라우디우스 Matthias Claudius(1740-1815):

독일의 시인. 독일 뤼벡 근교 라인펠트에서 목사의 아들로 태어나 예나 대학에서 신학과 법학을 공부했으며, 1771년부터 75년까지 잡지 「반츠베커의 사자(使者) Der Wandsbecker Bote」를 발행했다. 클라우디우스는 비판적인 시각과 안목을 가졌으며 확고한 기독교 신앙을 가진 사람이었다. 시인으로서 그는 어느 누구보다도 소박하고 자연스러운 분위기를 잘 표현했으며, 소박하고 경건한 (기독교) 종교적 심정을 노래하는 아름다운 민요조의 서정시를 많이 썼다. 슈베르트는 그의 12개의 작품에 곡을 붙였는데, 그 중에서는 이 「자장가」와 「죽음과 소녀 Der Tod und das Mädchen」가 가장 유명하다.

작곡자 소개

프란츠 슈베르트 Franz Schubert: 이 책의 115 -116쪽 참조!

독일어 가사 낭독

이 슈베르트 「자장가 Wiegenlied」의 독일어 가사는 정확하게 '강약, 강약 으로 진행되는 '강약격' 의 율격으로 되어 있다. 그러므로 이 노래의 독일어 가사를 낭독할 때에는 이 '강약격' 의 운율을 염두에 두고 낭송하도록 한다.

노래 부르기

이 노래는 자장가이므로 조용하고 은은하게, 그리고 안단테의 빠르기로 "느리게"(langsam) 부르도록 하자.

21. Schlafe, mein Prinzchen

자장가

Text: unbekannter Herkunft
Melodie: Vermutlich von Dr. Erich Fließ

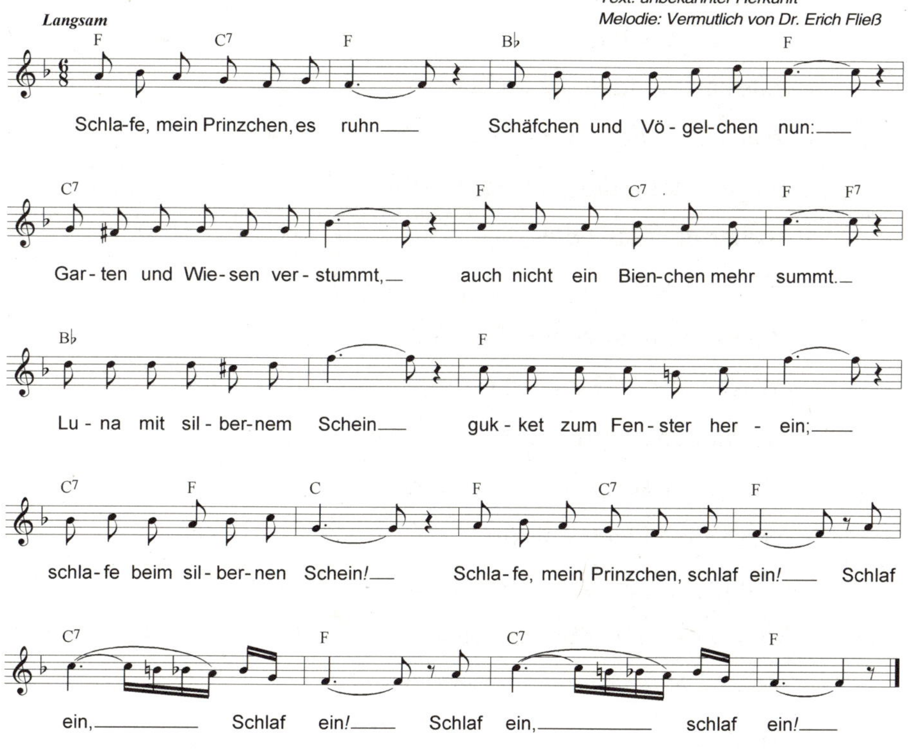

노래가사

1. Schlafe, mein Prinzchen, es ruhn

   Schäfchen und Vögelchen nun:

   Garten und Wiesen verstummt,

   Auch nicht ein Bienchen mehr summt.

   Luna mit silbernem Schein

   Gucket zum Fenster herein;

   Schlafe beim silbernen Schein!

Schlafe, mein Prinzchen, schlaf ein!

Schlaf ein, schlaf ein! Schlaf ein!

2. Alles im Schlosse schon liegt,

   Alles in Schlummer gewiegt:

   Reget kein Mäuschen sich mehr,

   Keller und Küche sind leer,

   Nur aus der Zofe Gemach

   Tönet ein schmachtendes "Ach"!

   Was für ein Ach mag das sein?

   Schlafe, mein Prinzchen, schlaf ein.

   Schlaf ein, schlaf ein, schlaf ein!

3. Wer ist beglückter als du?

   Nichts als Vergnügen und Ruh!

   Spielwerk und Zucker vollauf

   Und noch Karossen im Lauf,

   Alles besorgt und bereit,

   Daß nur mein Prinzchen nicht schreit.

   Was wird da künftig erst sein?

   Schlafe, mein Prinzchen, schlaf ein!

   Schlaf ein, schlaf ein, schlaf ein!

어휘 및 문법

schlafe: schlafen(자다)의 2인칭 단수 명령형. 자거라!

das Prinzchen: der Prinz(왕자)의 축소명사형. 작은 (귀여운) 왕자.

es: 여기서는 문법상의 주어로서 의미상의 주어인 "작은 양들과 새들"(Schäf-
  chen und Vögelchen)을 가리키는 것임.

ruhn: ruhen(휴식, 휴양, 중단하다)의 준말.

das Schäfchen: das Schaf(양)의 축소명사형. 작은 양.

das Vögelchen: der Vogel(새)의 축소명사형. 작은 새.

nun: 이제(는), 자 (이번에는).

der Garten: 뜰, 정원, 화원.

die Wiesen: die Wiese(초원, 목초지)의 복수형.

verstummt: verstummen(침묵하다, 입을 다물다)의 3인칭 단수 현재형.

das Bienchen: die Biene(벌)의 축소형. 작은 벌, 새끼벌.

mehr: 더 많이, 더욱.

summt: summen(윙윙거리다)의 3인칭 단수 현재형.

die Luna: 달의 여신, 달.

silbern: 은의, 은으로 만든, 은빛으로 빛나는.

der Schein: 빛, 희미한 빛.

Schlaf ein!: einschlafen(잠들다)의 명령형. 잠들어라!

alles: 모든 것.

alles(2행): 문법상으로 볼 때 여기서는 alles 다음에 ist가 생략되었음.

das Schloß: 성, 대궐.

schon: 이미, 아주.

liegt: liegen(누워 있다)의 3인칭 단수 현재형.

der Schlummer: schlummern(졸다)의 명사형. 졸음, 선잠.

gewiegt: wiegen(흔들다)의 과거분사형.

regt: regen(움직이게 하다, 활동시키다)의 3인칭 단수 현재형.

sich regen: 움직이다.

mehr: 더 많은, 더 큰, 더욱.

der Keller: 광, 지하실.

die Küche: 부엌, 주방.

leer: 빈, 공허한.

nur: 다만, 오직.

die Zofe: 시녀, 몸종.

das Geach: (안락한) 방, 작은 방.

geamch: 쾌적한.

tönt: tönen(울리다, 소리내다)의 3인칭 단수 현재형.

schmachtend: schmachten(여위다, 괴로워하다, 애타게 그리워하다)의 현재
          분사형.

ach!: 아아!, 오오!(환희, 경악, 의외, 비탄 등의 감정을 나타내는 소리)

mag: mögen의 3인칭 단수 현재형. 여기에서는 추측을 나타내는 화법 조동사
     로 쓰인 것임.

wer: 누구.(의문대명사)

beglückt: beglücken(행복하게 하다, 기쁘게 하다)의 과거분사형.

beglückter: beglückt의 비교급형.

als: (비교급의 뒤) ⋯보다. ⋯로서, ⋯같이.

nichts: 아무 것도 ⋯아님.

das Vergnügen: 만족, 즐거움, 희열.

das Spielwerk: = das Spielzeug. 장난감.

spielen: 놀다.

der Zucker: 사탕, 설탕.

vollauf: 풍부하게, 풍족하게.

die Karosse: = der Wagen. 마차.

im: in dem의 준말.

der Lauf: laufen(달리다, 나아가다)의 명사형. 달음질, 달림, 질주, 진행. 진로, 경과.

besorgt: besorgen(걱정하다, 근심하다)의 과거분사형. 걱정하는, 근심하는.

bereit: 마음이 작정된, 각오한, 준비된.

schreit: schreien(외치다, 소리치다)의 3인칭 단수 현재형.

wird: werden(…이 되다)의 3인칭 단수 현재형.

da: 그 때.

künftig: 미래의, 장래의.

erst: 비로소.

가사 번역

잘 자라, 나의 왕자, 이제는

양들과 새들도 쉬고 있단다:

정원과 풀밭도 잠잠하니,

이젠 벌 한 마리도 더 이상 날지 않는구나.

은빛으로 빛나는 달이

창문 안을 들여다보니;

은빛 광채 속에 잘 자거라!

잘 자라, 나의 왕자, 잠들어라!

잠들어라, 잠들어라, 잠들어라!

성 안에 있는 모든 것이 이미 누워 있고,

모든 것이 졸면서 흔들거리고 있구나:

쥐 한 마리도 더 이상 움직이지 않고,

지하실과 부엌도 비어 있으며,

오로지 시녀의 방에서 "아아!" 하고

애타게 그리워하며 내는 소리만이 울리는구나.

이 아아 소리는 무슨 소리일까?

잘 자라, 나의 왕자, 잠들어라.

잠들어라, 잠들어라, 잠들어라!

너보다 더 행복한 사람이 누가 있을까?

오로지 쾌적함과 평안만이 있으니 말이다!

장난감과 사탕은 가득하고

또 여전히 (놀이) 마차도 돌고 있으니,

오직 나의 왕자가 소리치지 않도록,

모든 것이 이미 세심하게 마련되어 있구나.

이제 나중에 크면 뭐가 될까?

잘 자라, 나의 왕자, 잠들어라!

잠들어라, 잠들어라, 잠들어라!

노래 해설

모짜르트의 '자장가'로 잘못 알려져 있는 이 「자장가」는 사실은 모짜르트가 작곡한 것이 아니다. "잘 자라, 나의 왕자 Schlafe, mein Prinzchen"라는 독일어 제목의 이 유명한 자장가는 작사자가 누구인지 정확히 알려져 있지는 않지만, 아마도 18세기 초에 만들어진 것으로 추정된다. 이 노래의 곡조는 베를린의 의사였던 에리히 플리스 Erich Fließ 박사가 1796년에 작곡한 것으로 추정된다.

독일어 가사 낭독법

이 「자장가」 "잘 자라, 나의 왕자 Schlafe, mein Prinzchen"의 독일어 가사는 주로 '강약약격'의 율격으로 되어 있다. 그러므로 이 노래의 독일어 가사를 낭독할 때에는 이 '강약약'의 운율을 염두에 두고 낭송하도록 한다.

노래 부르기

이 노래는 자장가이므로 조용하고 은은하게, 그리고 안단테의 빠르기로 "느리게"(Langsam) 부르도록 하자.

22. Guten Abend, gute Nacht

자장가

Melodie: Johannes Brahms, 1868

노래가사

1. Guten Abend, gute Nacht,

   mit Rosen bedacht,

   mit Näglein besteckt,

   schlüpf' unter die Deck'.

   Morgen früh, wenn Gott will,

   wirst du wieder geweckt.

   Morgen früh, wenn Gott will,

   wirst du wieder geweckt.

2. Guten Abend, gute Nacht,

   von Englein bewacht,

die zeigen im Traum

dir Christkindleins Baum.

Schlaf' nun selig und süß ,

schau im Traum's Paradies.

Schlaf' nun selig und süß ,

schau im Traum's Paradies.

어휘 및 문법

der Abend: 저녁.

die Nacht: 밤.

die Rosen: die Rose(장미)의 복수형.

bedacht: bedachen(…에 지붕을 이다, 덮다)의 과거분사. 지붕이 (덮여) 있다.

das Näglein: der Nagel(못)의 축소형. 작은 못.

besteckt: bestecken(꽂다, 삽입하다)의 과거분사. 꽂혀 있다.

schlüpf': schlüpfe의 준말. schlüpfen(미끄러지다, 미끄러져 들어가다)의 명
    령형.

die Deck': die Decke(덮개, 이불)의 준말.

morgen: 내일.

morgen früh: 내일 아침.

geweckt: wecken(깨우다, 일으키다)의 과거분사. 깨다, 일어나다.

das Englein: der Engel(천사)의 축소명사형.

bewacht: bewachen(파수보다, 감시, 감독하다)의 과거분사형.

zeigen: 가리키다.

das Christkind(lein): 아기 예수.

der Baum: 나무.

schlafe: schlafen(자다)의 2인칭 단수 명령형. 자거라!

nun: 지금, 이제.

selig: 복된, 지극히 행복한.

süß: 단, 달콤한.

schaue: schauen(보다)의 2인칭 단수 명령형. 보아라!

das Paradies: 낙원.

가사 번역

좋은 저녁, 잘 자거라,

장미에 덮여,

단단하게 못질한 곳,

이불 밑으로 들어가거라.

내일 아침, 하느님이 원하시면,

너는 다시 깨어나리라.

내일 아침, 하느님이 원하시면,

너는 다시 깨어나리라.

좋은 저녁, 잘 자거라,

천사가 지켜 주니,
천사가 꿈속에서 너에게
아기 예수의 나무를 보여주리라.
이제 행복하고 달콤하게 잘 자고,
꿈속의 천국에서 바라보거라.
이제 행복하고 달콤하게 잘 자고,
꿈속의 천국에서 바라보거라.

노래 해설

 "좋은 저녁, 잘 자라 Guten Abend, gute Nacht"라는 독일어 제목의 이 노래는 유명한 브람스 Johannes Brahsm의 「자장가」이다. 브람스는 일생 동안 380곡에 달하는 가곡을 썼는데, 그 많은 가곡 가운데에서도 가장 널리 애창되는 것이 이 「자장가」이다. 이 자장가는 브람스가 함부르크 여성합창단 단원인 베르트 파버 Berth Faber를 위해 작곡했다.

 브람스는 이 노래의 가사를 아르님 A. von Arnim과 브렌타노 C. Brentano가 수집한 민요집 『소년의 마술피리 Des Knaben Wunderhorn』에서 취했는데, 제2절 가사는 곡이 유명해진 뒤에 브람스의 친구 쉐러 G. Scherer(1828-1909)의 동요에서 취해 개작한 것이다.

작곡자 소개

브람스 Johannes Brahms(1833[함부르크]-1897[빈]):
독일 낭만주의 음악을 대표하는 탁월한 음악가. 고전주의적인 조형감(造形感)

을 중시하는 독일 전통 음악의 계승자. 브람스는 너무나도 궁핍한 어린 시절을 보냈는데, 도보 여행(Wandern)과 자연의 아름다움을 체험하는 게 유일한 즐거움일 정도였다. 그런데 그는 그러한 자신의 어린 시절 체험으로 인하여 많은 민요의 정신세계를 이해하게 되었다.

커다란 관현악을 위한 교향곡과 피아노를 위한 많은 작품 외에, 노래는 브람스의 작곡 활동 중에서 가장 중요한 영역을 차지한다. 노래로 부를 수 있는 곡조나 노래와 같은 멜로디가 그의 모든 작곡의 흔들리지 않는 기반을 이루고 있다. 예술가곡 외에 브람스는 또한 무엇보다도 민요를 새롭게 작곡하거나 개작하는 데에 몰두했다. 1858년에 그는 4부 합창을 위한 두 권의 민요곡집을 냈으며, 독창과 피아노를 위한 7권의 "독일 민요집 Deutsche Lieder"을 출간했다.

노래 부르기

이 자장가는 안단테의 빠르기로 느리게, 그리고 다소 우아하게 부르면 좋을 듯하다.

베르트 파버 Berth Faber:

파버는 브람스가 지휘하던 함부르크 여성합창단 단원이었는데, 당시 아직 독신이었고 노래도 아주 잘 불렀다. 특히 빈 스타일의 왈츠를 즐겨 불러서 브람스에게 한층 강한 인상을 주었다. 그로부터 10년 후인 1863년에 그녀가 두 번째 아들을 낳았다는 소식을 듣고, 자장가를 한 곡 선사해야 되겠다고 생각했다. 그래서 그녀가 한때 좋아했던 왈츠를 조금 바꾸어서 반주부에 두고, 거기에 자장가 선율을 얹어서 파버 부인에게 증정했던 것이다.

23. Sag mir, wo die Blumen sind

꽃들은 어디에

Text und Melodie: Pete Seeger
Deutsch von Max Colpet

노래가사

1. Sag mir, wo die Blumen sind,

   wo sind sie geblieben?

   Sag mir, wo die Blumen sind,

   was ist geschehn?

   Sag mir, wo die Blumen sind,

   Mädchen pflückten sie geschwind.

   Wann wird man je verstehn?

   Wann wird man je verstehn?

2. Sag mir, wo die Mädchen sind,

wo sind sie geblieben?

Sag mir, wo die Mädchen sind,

was ist geschehn?

Sag mir, wo die Mädchen sind,

Männer nahmen sie geschwind.

Wann wird man je verstehn?

Wann wird man je verstehn?

3. Sag mir, wo die Männer sind,

wo sind sie geblieben?

Sag mir, wo die Männer sind,

was ist geschehn?

Sag mir, wo die Männer sind,

zogen fort, der Krieg beginnt.

Wann wird man je verstehn?

Wann wird man je verstehn?

4. Sag, wo die Soldaten sind,

wo sind sie geblieben?

Sag, wo die Soldaten sind,

was ist geschehn?

Sag, wo die Soldaten sind,

über Gräbern weht der Wind.

Wann wird man je verstehn?

Wann wird man je verstehn?

5. Sag mir, wo die Gräber sind,

wo sind sie geblieben?

Sag mir, wo die Gräber sind,

was ist geschehn?

Sag mir, wo die Gräber sind,

Blumen blühn im Sommerwind.

Wann wird man je verstehn?

Wann wird man je verstehn?

6. Sag mir, wo die Blumen sind,

wo sind sie geblieben?

Sag mir, wo die Blumen sind,

was ist geschehn?

Sag mir, wo die Blumen sind,

Mädchen pflückten sie geschwind.

Wann wird man je verstehn?

Wann wird man je verstehn?

어휘 및 문법

sag: sagen(말하다)의 명령형. 말해라, 말해다오!

wo: 의문부사. 어디, 어디에.

die Blumen: die Blume(꽃)의 복수형.

geschehn: geschehen(일어나다, 생기다)의 준말. 여기에서는 과거분사형으
로 쓰인 것임.

das Mädchen: 소녀, 아가씨.

pflückten: pflücken(따다, 꺾다)의 3인칭 복수 과거형.

geschwind: 빨리.

wann: 언제.

man: 3인칭의 부정(不定)대명사. 사람, 사람들.

je: 언제나, 언젠가.

verstehn: verstehen(이해하다)의 준말.

die Mädchen: das Mädchen(아가씨, 소녀)의 복수형.

die Männer: der Mann(사람, 남자)의 복수형.

nahmen: nehmen(잡다, 쥐다, 받다, 얻다)의 3인칭 복수 과거형.

geschwind: 빠른, 잽싼.

zogen fort: fortziehen(끌고 가다, 떠나가다, 이전, 이주하다)의 3인칭 복수 과
            거형. 분리동사이기 때문에 분리전철 fort가 분리되어 뒤로 간 것임.

der Krieg: 전쟁.

beginnt: beginnen(시작하다)의 3인칭 단수 현재형.

die Soldaten: der Soldat(군인)의 복수형.

die Gräber: das Grab(묘, 무덤)의 복수형.

weht: wehen((바람이) 불다, 나부끼다, 휘날리다)의 3인칭 단수 현재형.

der Wind: 바람.

der Sommerwind: 여름 바람.

6절의 〈어휘 및 문법〉은 1절의 내용 참조!

가사 번역

꽃들은 어디에 있는지, 말해다오,

꽃들은 어디에 있었는가?

꽃들은 어디에 있는지, 말해다오,

무슨 일이 일어났는가?

꽃들은 어디에 있는지, 말해다오,

아가씨들이 꽃들을 재빨리 꺾어 버렸네.

사람들은 언제나 이해하게 될까?

사람들은 언제나 이해하게 될까?

아가씨들은 어디에 있는지, 말해다오,

아가씨들은 어디에 있었는가?

아가씨들은 어디에 있는지, 말해다오,

무슨 일이 일어났는가?

아가씨들은 어디에 있는지, 말해다오,

사내들이 아가씨들을 재빨리 붙잡았네.

사내들은 언제나 이해하게 될까?

사내들은 언제나 이해하게 될까?

사내들은 어디에 있는지, 말해다오,

사내들은 어디에 있었는가?

사내들은 어디에 있는지, 말해다오,

무슨 일이 일어났는가?

사내들은 어디에 있는지, 말해다오,

전쟁이 시작되니, 그들은 떠나갔네.

사람들은 언제나 이해하게 될까?

사람들은 언제나 이해하게 될까?

군인들은 어디에 있는지, 말해다오,

군인들은 어디에 있었는가?

군인들은 어디에 있는지, 말해다오,

무슨 일이 일어났는가?

군인들은 어디에 있는지, 말해다오,

무덤들 위로 바람이 분다.

사람들은 언제나 이해하게 될까?

사람들은 언제나 이해하게 될까?

무덤들은 어디에 있는지, 말해다오,

무덤들은 어디에 있었는가?

무덤들은 어디에 있는지, 말해다오,

무슨 일이 일어났는가?

무덤들은 어디에 있는지, 말해다오,

여름 바람 속에 꽃들이 피어 있다.

사람들은 언제나 이해하게 될까?

사람들은 언제나 이해하게 될까?

꽃들은 어디에 있는지, 말해다오,

꽃들은 어디에 있었는가?

꽃들은 어디에 있는지, 말해다오,

무슨 일이 일어났는가?

꽃들은 어디에 있는지, 말해다오,

아가씨들이 꽃들을 재빨리 꺾어 버렸네.

사람들은 언제나 이해하게 될까?

사람들은 언제나 이해하게 될까?

노래 해설

　세계적으로 널리 알려져 있는 이 노래 「꽃들은 어디에 Sag mir, wo die Blumen sind」는 미국의 피터 시거 Pete Seeger가 작사, 작곡한 것으로서, 막스 콜페트 Max Colpet가 영어로 된 노래 가사를 독일어로 번역한 것이다. 이 노래의 원래 영어 제목은 "꽃들은 모두 어디로 갔나 Where Have All the Flowers Gone" 이다. 우리 나라에 이 노래는 "들에 핀 저 꽃들은 어디로 갔나…" 라는 가사로 소개되어 있다.

　이 노래는 전쟁에 반대하는 취지의 '반전가요(反戰歌謠)' 로서 아마도 가장 유명한 노래일 것이다. 전쟁의 폐해를 고발하고 있는 이 노래의 가사는 전체적으로

순환 형식을 띠면서, 꽃과 아가씨로 시작했다가 사내들, 군인들 그리고 무덤을 지나 다시 꽃으로 되돌아온다. 이 노래는 여러 나라의 말로 번역되어 많은 가수들에 의해 불리어졌는데, 독일어로 이 노래를 부른 가수로는 마를레네 디트리히 Marlene Dietrich, 롤리타 Lolita 그리고 조앤 바에즈 Joan Baez 등이 알려져 있다.

작사, 작곡자 소개

페터 시거 Pete Seeger(1919-):

미국 뉴욕 출생 가수로서, 미국에서 포크송 음악을 이끌었음. 1960년대에 미국에서 포크송 노래가 되살아났을 때, 젊은 음악인들에게 많은 영향을 주었다.

노래 부르기

이 노래 「꽃들은 어디에 Sag mir, wo die Blumen sind」는 모든 인간적 삶의 여건을 파괴하는 전쟁의 폐해에 대해 생각해 보면서, 중간 정도의 빠르기(모데라토)로 부르도록 하자.

조앤 바에즈 Joan Baez(1941-):
미국의 여성 포크송 가수. 뉴욕에서 출생. 보스턴 대학 재학 중 포크송에 이끌려 노래하기 시작하였으며, 타고난 미성(美聲)과 용모로 포크송계의 여신적 존재로 군림하였다. 주요 발표 곡으로 이 노래 「꽃들은 어디에」 외에 「도나 도나 Dona Dona」, 「은의 단검」 등이 있다.

24. An die Freude

환희의 송가

노래가사

1. Freude, schöner Götterfunken,

   Tochter aus Elysium,

   wir betreten feuertrunken,

   Himmlische, dein Heiligtum!

   Deine Zauber binden wieder,

   was die Mode streng geteilt.

   Alle Menschen werden Brüder,

   wo dein sanfter Flügel weilt.

2. Wem der große Wurf gelungen,

eines Freundes Freund zu sein,

wer ein holdes Weib errungen,

mische seinen Jubel ein!

Ja, wer auch nur eine Seele

sein nennt auf dem Erdenrund!

Und wer's nie gekonnt, der stehle

weinend sich aus diesem Bund!

3. Freude heißt die starke Feder

in der ewigen Natur.

Freude, Freude treibt die Räder

in der großen Weltenuhr.

Blumen lockt sie aus den Keimen,

Sonnen aus dem Firmament,

Sphären rollt sie in den Räumen,

die des Sehers Rohr nicht kennt.

어휘 및 문법

die Freude: 기쁨, 즐거움.

schön: 아름다운, 훌륭한.

der Götterfunke: 신들의 불티, 번쩍임.

die Tochter: 딸.

das Elysium: 극락, 천국.

betreten: 밟다, 디디다.

feuertrunken: 불에 취해.

himmlisch: 하늘의, 숭고한.

das Heiligtum: 신성한 곳, 신성한 것.

der Zauber: 주문, 마술, 마력.

binden: 매다, 묶다.

wieder: 다시.

was: 여기서는 선행사를 겸하는 관계대명사로 쓰인 것임.

die Mode: 풍조, 유행.

streng: 엄한, 엄중하게.

geteilt: teilen(나누다)의 과거분사형. 문법상으로 볼 때 여기서는 geteilt 다음
에 hat가 생략되었음.

die Brüder: der Bruder(형 혹은 동생)의 복수형. 형제.

sanft: 부드러운.

der Flügel: 날개.

weilt: weilen(머무르다, 체재하다)의 3인칭 단수 현재형.

groß: 큰, 많은.

der Wurf: werfen(던지다)의 명사형. 던짐, 투척.

gelungen: gelingen(잘 되다, 성공하다)의 과거분사형. 문법상으로 볼 때 여기
서는 gelungen 다음에 ist가 생략되었음.

hold: 호의, 애정을 품은, 인자한, 친절한, 사랑스러운, 귀여운.

das Weib: 여자, 여성, 아내.

errungen: erringen(격투, 노력하여 얻다)의 과거분사형. 문법상으로 볼 때 여
기서는 errungen 다음에 hat가 생략되었음.

mische … ein: einmischen(섞어 넣다)의 2인칭 단수 명령형.

der Jubel: jubeln(환호하다)의 명사형. 환호, 환성.

nur: 다만, 단지.

die Seele: 영혼, 심령, 마음.

nennt: nennen(이름을 말하다, 명명하다, 이름 짓다)의 3인칭 단수 현재형.

das Erdenrund: 둥근 지구.

nie: 결코 …(하지) 않다.

gekonnt: können(…할 수 있다)의 과거분사형. 문법상으로 볼 때 여기서는
          gekonnt 다음에 hat가 생략되었음.

stehle … sich: sich stehlen(슬금슬금 가다)의 접속법 1식형. 슬금슬금 가라!

weinend: weinen(울다)의 현재분사형. 울면서.

das Bund: 묶음, 단, 매는 것, 묶는 것, 협약, 동맹.

heißt: heißen((무엇을 무엇이라고) 말하다, 칭하다, …라고 하다, 의미하다)의
          3인칭 단수 현재형.

stark: 강한, 단단한.

die Feder: 깃, 펜, 붓, 태엽.

ewig: 영원한, 영구한.

die Natur: 천성, 자연.

treibt: treiben(몰다, 내닫게 하다, 움직이게 하다, 행하다)의 3인칭 단수 현재형.

die Räder: das Rad(바퀴, 수레바퀴)의 복수형.

die Weltenuhr: 세계의 시계.

die Blumen: die Blume(꽃)의 복수형.

lockt: locken(꾀다, 꾀어내다, 유혹하다)의 3인칭 단수 현재형.

der Keim: 맹아, 밑씨.

das Firmament: 천공, 창궁.

die Spähren: die Spähre(구, 천구, 범위)의 복수형.

rollt: rollen(구르다, 회전하다, 굴리다)의 3인칭 단수 현재형.

die Räume: der Raum(공간, 장소)의 복수형.

der Seher: sehen(보다)의 명사형. 보는 사람, 예언자.

das Rohr: 갈대, 통, 관, 파이프.

kennt: kennen(알다, 식별하다)의 3인칭 단수 현재형.

가사 번역

환희여, 아름다운 신들의 불꽃이여,

천국의 딸이여,

우리는 불에 취해,

그대의 신성한 천국에 발을 디디노라!

그대의 마술은, 세태가 엄격하게

갈라놓았던 것을 다시 묶어 주는도다.

그대의 부드러운 날개가 머무는 곳,

그 곳에서 모든 사람들은 형제가 되는도다.

어떤 친구의 친구가 된다고 하는,

그 커다란 일에 성공한 사람은,

사랑하는 여인을 얻은 사람은,

모두 와서 함께 환호성을 질러라!

그래, 또한 이 지구상에서 어떤 한 영혼을

자기의 것이라고 말할 수 있는 사람도 환호해라!
그런데 그렇지 못한 사람은, 울면서
이 모임에서 조용히 빠져나가거라!

환희란 이 영원한 자연 속에 있는
강력한 태엽이라 하리.
환희, 환희는 이 커다란 세계의 시계 안에 있는
톱니바퀴를 굴리는도다.
환희는 맹아로부터 꽃이 피어나도록 유혹하고,
천공으로부터 태양이 나오도록 유혹하고,
그것은 관찰자의 망원경이 알지 못하는
우주 공간 속에 굴러 다니는도다.

노래 해설

　이 노래는 1785년 쉴러 Friedrich Schiller가 쓴 시 「환희의 송가 An die Freude」에 1823년 베토벤 Ludwig van Beethoven이 곡을 붙인 것이다. 베토벤이 청년 때부터 존경한 시인은 괴테와 쉴러였다. 특히 쉴러에 대한 존경심은 평생토록 변치 않았다. 젊은 시절 쉴러가 쓴 이 시 「환희의 송가 An die Freude」는 쾨르너 Körner와의 우정으로 인하여 나온 것이다.

　이 시는 그 동안 무려 40곡이 넘도록 노래로 작곡이 되었다. 그 중에서 베토벤이 작곡한 이 「환희의 송가」는 베토벤의 교향곡 제9번 〈합창〉의 끝 부분에 삽입되었는데, 이 노래는 가사와 곡이 모두다 강렬한 형제애와 우정에 대한 열망을 표출하고 있다. '기쁨'을 노래하는 이 노래는 이미 쉴러가 살았던 당시부터 널리 알려진 독일 "국민(대중)의 시"가 되었다.

작사자 소개

프리드리히 쉴러 Friedrich Schiller(1759-1805):

독일의 극작가, 시인. 독일 서남부의 작은 도시 마르바흐에서 출생. 괴테와 함께 독일 고전주의 문학을 확립한 작가임. 쉴러는 그 웅혼한 희곡, 전아한 사상시, 고결한 이상주의적 정신으로 인하여 오늘날에도 괴테와 더불어 경애를 받고 있는 독일의 국민적 시인이다. 두 시인의 관은 바이마르공(公)의 공묘(公廟) 안에 나란히 안치되어 있다. 출생지 마르바흐에는 쉴러의 생가가 보존되어 있으며, 쉴러 박물관이 있다. 바이마르에는 쉴러가 살았던 집과 괴테, 쉴러의 문고가 있다.

작곡자 소개

베토벤 Ludwig van Beethoven(1770-1827):

독일의 작곡가. 독일 본 출생. 본의 궁정악장 루트비히가 그의 할아버지이고, 궁정가수 요한이 그의 아버지이다. 음악가로서 치명적인 귓병을 의식하게 된 것은 27세 경부터였는데, 귓병이 점차 악화되자 1802년 자살을 기도하였다. 그때 두 동생에게 쓴 것이 이른바 「하일리겐쉬타트의 유서」이며, 그것을 계기로 그는 오히려 위기를 극복하고 많은 명작을 연이어서 작곡하게 되었다.

베토벤의 작품은 그 양식의 변천에 따라서 일반적으로 다음과 같이 4시기로 구분할 수 있다. (1) 본 시기(1782-92): 본에서 접하고 배운 여러 양식을 짙게 반영한 학습시대. (2) 빈 초기(1793-1802): 개인교수에 의한 대위법의 학습으로부터 시작된 이 시기는 베토벤의 독자적인 양식이 점차 선명해지는 시기. (3) 빈 중기(1803-

12): 이른바 「하일리겐쉬타트의 유서」를 계기로 베토벤이 구축해 놓은 극히 논리적인 형식의 걸작이 속출된 시기. (4) 빈 후기(1813-26): 베토벤 음악의 총결산기. 성악과 기악이 일체화된 교향곡 제9번 〈합창〉이 이때 작곡되었음. 이 시기에는 밀도 높은 응축된 수법에 의해서 시대를 초월한 다채로운 울림의 세계가 창조됨.

독일어 가사 낭독법

이 노래 「환희의 송가 An die Freude」의 독일어 가사는 거의 '강약격'의 율격으로 되어 있다. 그러므로 이 노래의 독일어 가사를 낭독할 때에는 이 '강약격'의 운율을 살려 낭송하도록 한다.

노래 부르기

기쁨과 환희를 노래하면서 사랑과 평화를 주창하는 이 「환희의 송가 An die Freude」는 경쾌하게 중간 정도의 빠르기(모데라토)로 부르도록 하자. 아울러 강렬한 인간애와 사랑을 표출하는 부분은 그 노래 가사의 숭고한 의미를 생각하면서 다소 장중하게 부르면 좋을 것 같다.

「환희의 송가 An die Freude」:

쉴러가 사랑과 평화와 기쁨을 주제로 하여 「환희의 송가」를 쓴 것은 1785년이었다. 그는 이 시를 드레스덴의 엘베강을 굽어보는 아름다운 포도밭에서 창작하여, 그 이듬해에 자기가 주관하는 잡지에 발표했다. 그때 16살이었던 베토벤이 곧 이 시를 읽었는지의 여부는 알 수 없지만, 당시의 본 Bonn 청년들은 이 시를 맹세의 노래로서 받들고 있었다.

그런데 청년시절 베토벤의 친구 중에 루트비히 피세니히라는 젊은 법학교수가 있었다. 그는 쉴러와 개인적으로도 친한 열렬한 쉴러 찬미자로서 학생들 간에도 인기가 있었다. 베토벤은 이 교수로부터 인간 쉴러에 대한 여러 가지 면모를 알게 되면서 더욱 쉴러를 사모하게 되었다. 그 피세니히 교수가 1793년 쉴러의 부인에게 다음과 같은 편지를 썼다: "이곳(본)에는 장래가 유망한 청년 작곡가가 한 사람 있습니다. 저의 소견을 말씀드린다면, 이 청년은 위대한 것이나 숭고한 것에 아주 심취되어 있는 것 같습니다. 그리고 쉴러의 「환희의 송가」에 곡을 붙이려 하고 있습니다…" 이 유망한 청년이 베토벤인 것은 두말할 것도 없다. 그리고 이 편지가 띄워졌을 무렵에, 베토벤은 벌써 청운의 뜻을 품고 고향 본을 떠나 음악의 도시 빈 Wien으로 가 있었던 것이다.

훗날 베토벤은 이 「환희의 송가」를 "생애의 마지막 단계의 대벽화를 위해서, 말하자면 유언(遺言)을 위해서"(로망 롤랑) 교향곡 제9번 〈합창〉의 끝악장에 넣기로 결정했다. 교향곡에 인성(人聲)을 넣는다는 것은 당시로서도 대모험이었으나, 결과는 대성공이었다. 합창은 관현악에 종속되지 않고, 또 관현악도 합창에 종속됨이 없이 완전한 조화를 이루었다. 로망 롤랑도 "음악과 사상이 서로를 희생시키지 않고, 서로를 중요하게 뒷받침해 주고 있다"고 말했다.

베토벤 교향곡 제9번 〈합창〉:

음악적으로나 사상적으로 베토벤의 총결산이 된 교향곡 제9번 〈합창〉은 빈 시민들의 요청에 의하여 1824년 5월 7일에 케른트너토어 극장에서 베토벤의 지휘로 초연되었다. 청중들은 열광적인 갈채를 보냈지만, 귀먹은 그는 청중들에게 등을 돌리고 있었기 때문에 그저 우두커니 서 있었다. 이를 보다 못한 알토 가수 웅가르가 그의 옷소매를 끌어서 그 모습을 보여 주었다. 이 광경을 지켜본 청중들은 한층 더 요란한 박수를 보냈다.

리틀러는 "대음악가의 단 하나의 작품에 의해서 전 세계가, 그것도 동시대의 세계뿐만 아니라 그 후대의 세계까지가, 이미 100년 이상이나 흥분상태에 놓였다는 예는 이 교향곡 제9번 이외에는 없었다"고 말하고 있다.

25. Der Mond ist aufgegangen

달이 떠올랐다

노래가사

1. Der Mond ist aufgegangen,

   Die goldnen Sternlein prangen

   Am Himmel hell und klar;

   Der Wald steht schwarz und schweiget,

Und aus den Wiesen steiget

Der weiße Nebel wunderbar.

2. Wie ist die Welt so stille,

Und in der Dämmrung Hülle

So traulich und so hold!

Als eine stille Kammer,

Wo ihr des Tages Jammer

Verschlafen und vergessen sollt!

3. Seht ihr den Mond dort stehen?

Er ist nur halb zu sehen,

Und ist doch rund und schön!

So sind wohl manche Sachen,

Die wir getrost verlachen,

Weil unsre Augen sie nicht sehn.

4. Wir stolze Menschenkinder

Sind eitel arme Sünder

Und wissen gar nicht viel;

Wir spinnen Luftgespinste

Und suchen viele Künste

Und kommen weiter von dem Ziel.

5. Gott, laß uns dein Heil uns schauen,

Auf nichts Vergänglichs trauen,

Nicht Eitelkeit uns freun!

Laß uns einfältig werden

Und vor dir hier auf Erden

Wie Kinder fromm und fröhlich sein!

6. Wollst endlich sonder Grämen

　　Aus dieser Welt uns nehmen

　　Durch einen sanften Tod!

　　Und, wenn du uns genommen,

　　Laß uns in Himmel kommen,

　　Du unser Herr und unser Gott!

7. So legt euch denn, ihr Brüder,

　　In Gottes Namen nieder;

　　Kalt ist der Abendhauch.

　　Verschon uns, Gott, mit Strafen

　　Und laß uns ruhig schlafen!

　　Und unsern kranken Nachbarn auch!

어휘 및 문법

der Mond: 달.

aufgegangen: aufgehen(올라가다, 떠오르다)의 과거분사형.

golden: 금의, 금빛의.

das Sternlein: der Stern(별)의 축소형. 작은 별.

prangen: 화려하다, 현란하여 이목을 끌다.

der Himmel: 하늘.

hell: 밝은, 엷은.

klar: 맑은, 밝은.

der Wald: 숲.

steht: stehen(서다, 서있다)의 3인칭 단수 현재형.

schwarz: 검은.

schweiget: schweigen(침묵하다)의 3인칭 단수 현재형.

die Wiesen: die Wiese(초원, 목초지)의 복수형.

steiget: steigen(오르다, 올라가다)의 3인칭 단수 현재형.

weiß: 흰.

der Nebel: 안개.

wunderbar: 놀라운, 기적적인, 비범한.

die Welt: 세상, 세계.

still: 정지하고 있는, 고요한, 조용한.

die Dämmerung: 어스름빛, 여명, 새벽, 황혼.

die Hülle: 싸개, 보.

traulich: 흉허물없는, 친밀한.

hold: 호의, 애정을 품은, 인자한, 사랑스러운, 귀여운.

die Kammer: 작은 방, 방.

der Tag: 낮, 대낮, 날.

der Jammer: 비탄, 비참.

et. verschlafen: (늦)잠을 자 버림으로써 잊어버리다, 게을리 하다.

vergessen: 잊다, 망각하다.

sollt: sollen(마땅히 …해야 한다)의 2인칭 복수 현재형.

seht: sehen(보다)의 2인칭 복수 현재형.

der Mond: 달.

dort: 거기에, 저기에.

stehen: 서다, 서 있다.

nur: 다만, 단지.

halb: 절반의, 반의, 중간의.

doch: 그래도, 하지만, 그러나.

rund: 둥근, 원만한.

schön: 아름다운, 훌륭한.

wohl: 좋은, 건강한, 잘.

die Sachen: die Sache(사건, 일, 사항, 사실)의 복수형.

getrost: 안심한, 자신 있는.

verlachen: 조소, 냉소하다, 비웃다.

weil: ⋯ 때문에.

die Augen: das Auge(눈)의 복수형.

stolz: 자랑스러운, 자랑하는.

die Menschenkinder: 사람의 자식들.

eitel: 공허한.

arm: 가난한, 빈약한, 불쌍한.

der Sünder: 죄인.

wissen: 알다.

gar nicht: 결코 ⋯않다, 전혀 ⋯않다.

viel: 많은, 많이.

spinnen: (실을) 잣다.

die Luftgespinste: 공기로 짠 것들.

die Luft: 공기.

die Gespinste: das Gespinst((실로) 짠 것, 방적물, 직물)의 복수형.

suchen: 찾다, 구하다, 추구하다.

die Künste: 술책, 꾀, 음모.

die Kunst: 기능, 기술, 숙련, 인공, 인위, 예술.

weiter: weit(넓은, 먼)의 비교급형. 더 넓은, 더 먼.

das Ziel: 목표, 과녁, 종점.

der Gott: 신, 하느님.

laß: lassen(허용하다, …하도록 하다)의 2인칭 단수 명령형.

das Heil: 건전, 안전, 행복, 구원.

schauen: 보다.

Vergängliches: 덧없는 것, 무상한 것.

auf et. trauen: 무엇을 믿다, 신뢰하다.

die Eitelkeit: 공허, 무가치.

sich freuen: 기뻐하다, 즐기다.

einfältig: 간단한, 단순한.

auf Erden: 이 세상에서, 지상에서.

die Kinder: das Kind(아이)의 복수형.

fromm: 신앙심이 깊은, 경건한.

fröhlich: 즐거운.

wollst: wollen의 접속법 (1식으로 기원, 정중한 요구 등을 표현함 …해 주소서!

endlich: 마지막, 끝이 있는, 최후로.

sonder: (고어)…없이.

das Grämen: (sich) grämen(원망하다, 원통해 하다)이 명사형으로 사용된 것임.

der Gram: 원한, 비통.

nehmen: 잡다, 쥐다, 얻다.

durch: …에 의하여.

sanft: 부드러운, 연한.

der Tod: 죽음.

genommen: nehmen(잡다, 붙잡다, 받다)의 과거분사형. 문법상으로 볼 때는
　　　　　genommen 다음에 hast가 와야함.

der Himmel: 하늘, 천국.

der Herr: 주인, 신사.

legt: legen(눕다, 눕히다)의 2인칭 복수 명령형.

legt euch … nieder: sich niederlegen(잠자리에 들다)의 2인칭 복수 명령형. 잠
　　　　자리에 들어라! 분리동사이기 때문에 분리전철 nieder가 분리되어 뒤로
　　　　간 것임.

denn: 그러므로.

die Brüder: der Bruder(형제)의 복수형.

in Gottes Namen: 하느님의 이름으로.

kalt: 추운, 찬, 싸늘한.

der Abendhauch: 저녁의 입김.

jn. mit etw. verschonen: 누구로 하여금 무엇을 면하게 하다.

die Strafen: die Strafe(형, 벌)의 복수형.

strafen: 벌하다.

ruhig: 멎은, 고요한, 편안한.

krank: 앓는, 병든.

der Nachbar: 이웃사람.

가사 번역

달이 떠올랐다,
금빛 작은 별들이 하늘을
밝고 맑고 찬란하게 수를 놓았다;
숲은 캄캄한 채 침묵을 지키고,
초원에서는 하얀 안개가
너무도 아름답게 피어오르는구나.

세상은 어쩌면 이리도 조용하고,
여명의 덮개에 싸여
그토록 친근하고 또 그토록 사랑스러운가!
그것은 그대들이 하루의 고통과 괴로움을
잠으로 잊어버리도록 하는
조용한 방이려니!

그대들은 저기에 떠 있는 달을 보는가?
달은 단지 절반만 보이지만,
그래도 달은 둥글고 아름다운 것!
우리가 안심하고 비웃어 버리는

많은 일들도 또한 그러하니,

우리의 눈이 그것을 보지 못하기 때문이라.

자부심을 지니고 있는 우리 사람의 자식들은

공허하고 가련한 죄인들이라

전혀 많은 것을 알지 못한다;

우리는 공기로 짠 직물을 잣고 있으며

많은 음모를 꾀하고

하여 목표로부터 더 멀리 벗어난다.

하느님, 우리에게 당신의 축복을 비추어 주소서,

허무한 것은 아무 것도 믿지 말게 하시고,

공허한 것에 우리가 즐거워하지 않도록 해 주소서!

우리가 단순하게 되도록 해 주시고

당신 앞에서 여기 이 지상에서

어린아이들처럼 경건하고 즐거워하게 해 주소서!

마침내 비통 없이 우리를

부드러운 죽음으로

이 세상에서 데려가 주소서!

그런데, 당신이 우리를 데려 가신다면,

우리를 천국에 이르게 하여 주소서,

우리의 주님이신 우리의 하느님이시어!

그러니 그대 형제들이여,

하느님의 이름으로 잠자리에 드시오;

저녁의 입김은 차갑습니다.

하느님! 우리가 벌을 받지 않도록 용서해 주시고

우리로 하여금 평안히 자도록 해 주소서!

또한 우리의 병든 이웃들에게도 그렇게 해 주소서!

노래 해설

「달이 떠올랐다 Der Mond ist aufgegangen」라는 제목의 이 노래는 민요풍의 노래 중에서 걸작에 속하는 것으로서, 독일에서는 가장 유명한 노래 중의 하나이다. 이 노래는 1778년 클라우디우스 Matthias Claudius가 쓴 시에 1790년 슐츠 Johann Abraham Peter Schulz(1747-1800)가 곡을 붙인 것이다. 이 노래의 가사에서 보듯이 작사자인 시인 클라우디우스는 내면적으로 자연을 묘사하는 가운데 종교적으로 고양되어 경건한 경지에까지 나아간다.

작사자 소개

마티아스 클라우디우스 Matthias Claudius: 이 책의 139쪽 참조!

독일어 가사 낭독법

이 노래 「달이 떠올랐다 Der Mond ist aufgegangen」의 독일어 가사는 거의 '약강격' 의 율격으로 되어 있다. 그러므로 이 노래의 독일어 가사를 낭독할 때에는 이 '약강격' 의 운율을 살려 낭송하도록 한다.

노래 부르기

이 노래의 가사는 소박한 삶의 지혜와 아름다운 (기독교) 종교적 심성을 담아내고 있다. 따라서 이 노래는 특히 가사 전체의 훌륭한 시적 내용을 생각하면서, 안단테의 빠르기로 느리고 "부드럽게"(sanft) 부르도록 하자.

26. Das Lied der Deutschen

독일 애국가

Text: Hoffmann von Fallersleben, 1841
Melodie: Joseph Haydn, 1797

노래가사

Einigkeit und Recht und Freiheit

für das deutsche Vaterland!

Danach laßt uns alle streben,

brüderlich mit Herz und Hand!

Einigkeit und Recht und Freiheit

sind des Glückes Unterpfand.

Blüh im Glanze dieses Glückes,

Blühe deutsches Vaterland.

Blüh im Glanze dieses Glückes,

Blühe deutsches Vaterland.

어휘 및 문법

die Einigkeit: 통일, 일치, 합동, 단결.

das Recht: 정의, 권리, 권한, 법.

die Freiheit: 자유, 독립.

das Vaterland: 조국, 고국.

nach etw. streben: …을 향하여(위하여) 노력하다.

laßt: lassen(…하도록 하다)의 복수 명령형. …하자!

brüderlich: der Bruder(형제)의 형용사. 형제의, 형제와 같은.

das Herz: 심장, 가슴, 마음.

die Hand: 손.

das Glück: 행복, 운명.

das Unterpfand: 저장, 담보, 보증.

blüh(e): blühen(꽃이 피어 있다, 번성하다)의 명령형. 번성하라!

der Glanz: 광채, 광택.

가사 번역

독일의 조국에

일치와 정의와 자유 있으라!

이를 위하여 우리 모두 노력하자,

형제처럼 마음과 손을 붙잡고!

일치와 정의와 자유는

행복의 담보물이라.

이 찬란한 행복 속에 꽃피어라,

독일의 조국이여 꽃피어라.

이 찬란한 행복 속에 꽃피어라,

독일의 조국이여 꽃피어라.

노래 해설

"독일인의 노래 Das Lied der Deutschen"라는 독일어 제목의 이 노래는 「독일 애국가」이다. 이 독일 애국가의 가사는 호프만 폰 팔러스레벤 Hoffmann von Fallersleben이 1841년에 쓴 시 「독일인의 노래」의 제3연이다. 이 노래에서 그는 독일 사람들에게 당시 여러 개의 많은, 작은 주로 나뉘어져 있었던 독일을 통합, 하나의 조국을 세워 독일의 통일을 실현시키자고 촉구했다.

이 노래의 곡조는 원래 하이든 Joseph Haydn(1732-1809)이 1797년에 오스트리아의 황제를 찬양하는 찬가로 만들었던 것인데, 후에 이 곡이 독일 애국가의 곡조로 된 것이다. 이 노래는 1922년 독일 제국의 애국가로 선포되었으며, 1952년에는 이 책에 제시된 노래 가사로 독일(당시 서독)의 애국가로 확정되었다.

작사자 소개

호프만 폰 팔러스레벤 Hoffmann von Fallersleben(1798-1874): 이 책의 24-25
쪽 참조!

작곡자 소개

하이든 Franz Joseph Haydn(1732-1809):
오스트리아의 작곡가. 남부 오스트리아의 로라우 Rohrau에서 태어나 빈 Wien
에서 사망함. 하이든은 18세기 중엽부터 19세기 초에 걸쳐 음악의 양식이 크게 바
뀌는 시대에 살면서, 이른바 새로운 '고전파' 양식의 성립에 가장 중요한 공헌을
하고, 많은 걸작을 남겼다. 하이든은 100곡이 넘는 교향곡과 70곡이 넘는 현악 4중
주곡을 썼는데, 이 현악 4중주과 교향곡이 하이든이 작곡한 음악에서 가장 중요한
위치를 차지한다.

독일어 가사 낭독법

이 「독일 애국가 Das Lied der Deutschen」의 독일어 가사는 정확하게 '강약,
강약'으로 진행되는 '강약격'의 율격으로 되어 있다. 그러므로 이 노래의 독일어
가사를 낭독할 때에는 이 '강약격'의 운율을 염두에 두고 낭송하도록 한다.

노래 부르기

하이든이 작곡한 이 노래의 원래 곡은 "포코 아다지오(조금 느리게) 빠르기로,

노래하듯이 Poco Adagio, cantabile” 연주하도록 되어 있다. 그러나 이 곡을 이제는 「독일 애국가」로 부르는 만큼, 그보다는 좀 빠르게, 즉 안단테의 알맞은 빠르기로 장중하게 부르는 것이 좋을 듯하다.

27. Freut euch des Lebens

인생을 즐겨라

Text: Vermutlich von Martin Usteri
Melodie: Hans Georg Nägeli, 1793

노래가사

1. Freut euch des Lebens,

    Weil noch das Lämpchen glüht;

    Pflücket die Rose, eh' sie verblüht!

    Man schafft so gern sich Sorg' und Müh',

    Sucht Dornen auf und findet sie,

    Und läßt das Veilchen unbemerkt,

    Das dort am Wege blüht.

2. Wen scheu die Schöpfung sich verhüllt,

    Und laut der Donner ob uns brüllt,

Dann lacht am Abend nach dem Sturm

Die Sonne, ach, so schön!

3. Wer Neid und Mißgunst sorgsam flieht

Und Gnügsamkeit im Gärtchen zieht,

Dem schießt sie schnell zum Bäumchen auf,

Das goldne Früchte trägt.

4. Wer Redlichkeit und Treue liebt

Und gern dem ärmern Bruder gibt,

Bei dem baut sich Zufriedenheit

So gern ihr Hüttchen auf.

5. Und wenn der Pfad sich furchtbar engt

Und Mißgeschick uns plagt und drängt,

So reicht die Freundschaft schwesterlich

Dem Redlichen die Hand.

6. Sie trocknet ihm die Tränen ab,

Und streut ihm Blumen in das Grab,

Sie wandelt Nacht in Dämmerung

Und Dämmerung in Licht.

7. Sie ist des Lebens schönstes Band,

Gibt Brüdern traulich Hand um Hand.

So wallt man froh, so wallt man leicht

Ins bess're Vaterland.

어휘 및 문법

sich freuen: 기뻐하다, 즐기다.

noch: 아직, 더욱.

das Lämpchen: die Lampe(등)의 축소명사형. 작은 등.

glüht: glühen(작열하다)의 3인칭 단수 현재형.

pflücket: pflücken(따다, 꺾다)의 명령형. 꺾어라, 따라!

die Rose: 장미.

eh': ehe의 준말. 이전에, …하기 전에.

verblüht: verblühen(시들다)의 3인칭 단수 현재형.

schafft: schaffen(만들어내다)의 3인칭 단수 현재형.

gern: 즐겨, 기꺼이.

die Sorg': die Sorge(근심)의 준말.

die Müh': die Mühe(노고, 수고, 노력)의 준말.

sucht … auf: aufsuchen(찾아내다, 수색하다)의 3인칭 단수 현재형.

die Dornen: der Dorn(가시, 가시나무)의 복수형.

findet: finden(발견하다)의 3인칭 단수 현재형.

läßt: lassen(그만두다, 내버려두다)의 3인칭 단수 현재형.

das Veilchen: die Viole(제비꽃)의 축소형. (작은) 제비꽃.

unbemerkt: 눈에 뜨이지 않은, 알아차리지 못한.

dort: 저기에, 거기에.

der Weg: 길.

blüht: blühen(꽃이 피어 있다, 한창이다)의 3인칭 단수 현재형.

scheu: 겁이 많은, 소심한, 수줍은.

die Schöpfung: 창조(물), 피조물.

sich verhüllen: 몸을 싸다, 가장하다.

laut: 소리가 큰, 큰 소리의.

der Donner: 천둥, 번갯불. donnern(천둥치다)의 명사형.

ob: = über. …위에. 대체적으로 사라진 말이지만 남독일에서는 지금도 쓰는 말임.

brüllt: brüllen(울부짖다)의 3인칭 단수 현재형.

dann: 그 때에, 그러자, 그리고 나서.

lacht: lachen(웃다)의 3인칭 단수 현재형.

am Abend: 저녁에.

nach: (시간적) …의 후에

der Sturm: 폭풍, 폭풍우.

die Sonne: 태양, 해.

schön: 아름다운, 훌륭한.

der Neid: 시기, 질투. 여기서는 3격으로 쓰인 것임.

die Mißgunst: 질투, 시기, 악의. 여기서는 3격으로 쓰인 것임.

sorgsam: 신중한, 주의 깊은, 꼼꼼한.

flieht: fliehen(달아나다, 도피하다)의 3인칭 단수 현재형.

genügsam: 욕심이 적은, 분수를 지키는, 삼가는, 온화한.

das Gärtchen: der Garten(정원)의 축소명사. 작은 정원.

zieht: ziehen(끌다, 긋다)의 3인칭 단수 현재형.

schießt … auf: aufschießen(감아 올리다)의 3인칭 단수 현재형.

schnell: 빠른, 신속한.

das Bäumchen: der Baum(나무)의 축소명사.

golden: 금의, 금빛의. das Gold(금)의 형용사형.

die Früchte: die Frucht(열매, 과일, 결실)의 복수형.

trägt: tragen(나르다, 지다, 지니다)의 3인칭 단수 현재형.

die Redlichkeit: redlich(정직한, 공정한)의 명사형. 정직, 공정.

die Treue: 신실, 성실, 충성. treu(신실한, 충실한, 정확한)의 명사형.

liebt: lieben(사랑하다)의 3인칭 단수 현재형.

gern: 즐겨, 기꺼이.

ärmer: arm(가난한, 가련한)의 비교급형. 여기에서는 절대적 비교급으로 쓰인
　　　 것임. 보다 가난한, 대체로 가난한.

der Bruder: 형제.

gibt: geben(주다)의 3인칭 단수 현재형.

baut sich … auf: sich aufbauen(곧추 서다, 세워 올리다, 건설, 구성하다)의 3
　　　 인칭 단수 현재형.

die Zufriedenheit: zufrieden(마음 편한, 만족한)의 명사형. 만족.

das Hüttchen: die Hütte(오두막집)의 축소명사형.

der Pfad: 좁은 길.

furchtbar: 무서운. die Furcht(두려움, 근심)의 형용사형.

engt: engen(좁게 하다, 좁히다)의 3인칭 단수 현재형.

das Mißgeschick: 불행, 재난.

plagt: plagen(괴롭히다, 집적거리다)의 3인칭 단수 현재형.

drängt: drängen(누르다, 밀다, 몰아대다)의 3인칭 단수 현재형.

reicht: reichen(다다르다, 미치다, 넉넉하다, 건네다)의 3인칭 단수 현재형.

die Freundschaft: 친구 관계, 우정.

freundlich: 친한, 친절한.

schwesterlich: 자매의, 자매다운, 자매 같은.

die Hand: 손.

trocknet … ab: abtrocknen(말리다, 훔치다)의 3인칭 단수 현재형.

die Tränen: die Träne(눈물)의 복수형.

streut: streuen(뿌리다)의 3인칭 단수 현재형.

die Blumen: die Blume(꽃)의 복수형.

das Grab: 묘, 무덤.

wandelt: wandeln(변화시키다)의 3인칭 단수 현재형.

die Nacht: 밤.

die Dämmerung: 어스름빛, 여명, 새벽.

das Licht: 빛, 광선, 밝기.

das Leben: leben(살아 있다, 살다)의 명사형. 생활, 생명, 일생, 인생, 활동.

der Band: 제본, 책, 테이프, 끈, 띠, 인연, 연분, 유대.

gibt: geben(주다)의 3인칭 단수 현재형.

die Brüder: der Bruder(형제)의 복수형.

traulich: 친밀한, 정다운.

wallt: wallen(떠돌다, 방랑, 유랑하다)의 3인칭 단수 현재형.

froh: 기뻐하는, 즐기는, 기쁜, 즐거운.

leicht: 가벼운, 경쾌한, 쉬운, 경솔한.

besser: gut(좋은)의 비교급형.

das Vaterland: 조국, 고국.

가사 번역

인생을 즐겨라,

왜냐하면 아직 램프가 타고 있기 때문에;

장미를 따라, 시들어 버리기 전에!

사람들은 그토록 나서서 근심거리와 수고만 만들어내고,

가시나무만 찾아내어 발견한다,

그리고는 저 길가에 피어 있는,

작은 제비꽃은 알아차리지 못하는구나.

커다란 소리로 천둥이 우리 위에서 울부짖어,

피조물이 겁을 내어 몸을 숨길지라도,

폭풍이 지나가고 저녁이 되면

아아, 그토록 아름답게, 태양이 웃는구나.

시기와 질투로부터 조심스레 도망쳐 나와

작은 정원 안에서 자족하는 사람,

태양은 그 사람을 재빨리

금빛 열매 맺힌 나무 위로 올려 놓는도다.

정직함과 신실성을 사랑하는 사람과
가난한 형제에게 즐거이 주는 사람,
그 사람에게는 만족감이
그리도 즐거이 오두막집을 세워주는도다.

그리고 길이 끔찍하게 좁아져서
불행이 우리를 괴롭히고 짓누르면,
우정이 정직한 사람에게
자매처럼 손을 내미는도다.

우정은 그의 눈물을 씻어주며,
무덤에 꽃을 뿌려준다,
그것은 밤을 여명으로 바꾸어 주며
또 여명을 밝은 빛으로 바꾸어 주는도다.

우정은 인생의 가장 아름다운 끈이며,
형제들에게 정답게 손에 손을 내밀어준다.
그래서 사람들은 더 좋은 조국으로
즐거이 떠나며, 가볍게 떠나는도다.

노래 해설

「인생을 즐겨라 Freut euch des Lebens」라는 제목의 이 노래는 마르틴 우스테리 Martin Usteri가 작사한 것으로 추정되는 가사에, 1793년 한스 게오르크 네겔리 Hans Georg Nägeli가 곡을 붙인 것이다. 이 노래는 걱정, 근심을 떨쳐 버리고 인생을 즐겁게 살자고 하면서, 아름다운 이웃 사랑과 형제애를 주창하고 있다.

작사자 소개

마르틴 우스테리 Martin Usteri(1763-1827):

취리히 태생의 스위스 사람으로서 화가, 시인이자 시의회 의원. 검소한 생활에 자족(自足)하는 삶의 즐거움을 찬미했음. 그가 작사한 이 노래는 여러 나라 말로 번역되어 많이 알려져 있다.

작곡자 소개

한스 게오르크 네겔리 Hans Georg Nägeli(1773-1836): 취리히 태생의 스위스 사람. 시민계급으로 구성된 민요합창단을 창시한 사람 중의 하나로서 페스탈로치의 정신에 입각한 음악 교육가이자 작곡가.

노래 부르기

이 노래는 낙천적이고 지혜로운 삶과 아름다운 사랑의 덕목을 일깨우는 노래이니 만큼, 가사의 내용을 음미하면서 빠르고 "경쾌하게"(munter) 부르도록 하자.

28. Gaudeamus igitur

형제여, 즐거워하자

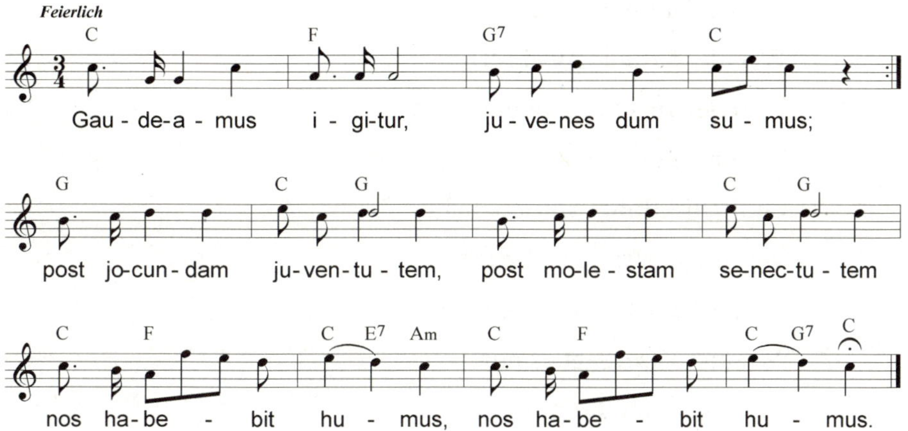

라틴어 노래가사

1. Gaudeamus igitur,

   Juvenes dum sumus;

   Gaudeamus igitur,

   Juvenes dum sumus;

   Post jocundam juventutem,

   Post molestam senectutem

   Nos habebit humus,

   Nos habebit humus.

독일어 노래가사

   Brüder, laßt uns lustig sein

1. Brüder, laßt uns lustig sein,
    Weil der Frühling währet,
    Und der Jugend Sonnenschein
    Unser Land verkläret:
    Grab und Bahre warten nicht;
    Wer die Rosen jetzo bricht,
    Dem ist der Kranz bescheret.

2. Wo sind diese, sagt es mir,
    Die vor wenig Jahren
    Eben also gleich wie wir
    Jung und fröhlich waren?
    Ihre Leiber deckt der Sand,
    Sie sind in ein ander Land
    Aus dieser Welt gefahren.

3. Unsers Lebens schnelle Flucht
    Leidet keinen Zügel,
    Und des Schicksals Eifersucht
    Macht ihr stetig Flügel:
    Zeit und Jahre fliehn davon,
    Und vielleicht schnitzt man schon
    An unsers Grabes Riegel.

4. Wer nach unsern Vätern forscht,
    Mag den Kirchhof fragen:
    Ihr Gebein, so längst vermorscht,
    Wird ihm Antwort sagen.
    Kann uns doch der Himmel bald,

Eh die Morgenglocke schallt,

In unsre Gräber tragen.

5. Unterdessen seid vergnügt,

Laßt den Himmel walten!

Trinkt, bis euch das Bier besiegt,

Nach Manier der Alten!

Fort mir wässert schon das Maul,

Und ihr Andern seid nicht faul,

Die Mode zu erhalten.

6. Dieses Gläschen bring ich dir,

Daß die Liebste lebe,

Und der Nachwelt bald von dir

Einen Abriß gebe!

Setzt ihr Andern gleichfalls an,

Und wenn dieses ist getan,

So leb der edle Rebe!

어휘 및 문법

die Brüder: der Bruder(형, 오빠 혹은 남동생)의 복수형.

laßt: lassen(…하도록 하자)의 복수 명령형. …하자!

lustig: 즐거운, 유쾌한, 재미나는, 신나게.

der Frühling: 봄.

währet: 문법상 원래 währt인데 노래의 리듬을 맞추기 위해 e가 첨가된 것임.

währen(지속, 존속하다)의 3인칭 단수 현재형.

die Jugend: 젊음, 청춘, 젊은 시절, 젊은 사람들.

der Sonnenschein: 햇빛.

das Land: 육지, 토지, 시골, 나라.

verklär(e)t: verklären(광명으로 가득 채우다)의 3인칭 단수 현재형.

das Grab: 묘, 무덤.

die Bahre: 관.

warten: 기다리다.

die Rosen: die Rose(장미)의 복수형.

jetzo: jetzt(지금, 현재)의 옛말.

bricht: brechen(부수다, 찢다, 깨다, 꺾다)의 3인칭 단수 현재형.

der Kranz: 화환.

bescheret: bescheren(선사하다, 선물로 받다)의 과거분사.

sagt: sagen(말하다)의 2인칭 복수 명령형.

wenig: 적은, 근소한.

die Jahren: das Jahr(해, 연)의 복수형.

eben: 편편한, 고른, 바로, 진정.

also: 그러므로, 그러면.

gleich: 같은, 동일한, 마찬가지로.

jung: 젊은, 싱싱한.

fröhlich: 즐거운.

waren: sein동사의 3인칭 복수 과거형.

die Leiber: das Leib(생명, 목숨, 몸, 신체, 개인, 몸통)의 복수형.

deckt: decken(덮다)의 3인칭 단수 현재형.

der Sand: 모래.

ander: 다른, 다른 편의.

das Land: 육지, 토지, 나라.

die Welt: 세상, 세계.

gefahren: fahren(나아가다, 가다)의 과거분사형.

die Flucht: 도망, 도주.

leidet: leiden(참다, 견디다, 시달리다, 괴로움을 받다)의 3인칭 단수 현재형.

der Zügel: 고삐.

das Schicksal: 운명.

die Eifersucht: 질투, 샘.

macht: machen(만들다, 하다, 행하다)의 3인칭 단수 현재형.

stetig: 끊임없는, 연속적인.

der Flügel: 날개.

die Zeit: 시간.

die Jahre: das Jahr(해, 연)의 복수형.

fliehen davon: davonfliehen(…로부터 달아나다, 도피하다)의 3인칭 복수 현재형.

vielleicht: 아마, 어쩌면.

schnitzt: schnitzen(새기다, 조각하다)의 3인칭 단수 현재형.

man: 사람, 사람들.

schon: 이미, 벌써.

das Grab: 묘, 무덤.

der Riegel: 빗장, 횡목.

die Väter: der Vater(아버지)의 복수형. 조상, 선조.

nach etw. forschen: …을 연구, 탐구하다.

mag: mögen(…해도 좋다)의 3인칭 단수 현재형.

der Kirchhof: 묘지.

fragen: 묻다.

das Gebein: = alle Knochen. 골격.

längst: 가장 긴, 오래 전부터, 일찍이.

vermorscht: vermorschen(썩어 문드러지다)의 과거분사형.

die Antwort: antworten(대답하다)의 명사형. 답, 대답.

sagen: 말하다.

kann: können(…할 수 있다)의 3인칭 단수 현재형.

doch: 그래도, 하지만, 그러나.

der Himmel: 하늘, 천국.

bald: 곧, 금방.

ehe: 이전에, …하기 전에.

die Morgenglocke: 아침 종.

schallt: schallen(소리나다, 소리가 울리다)의 3인칭 단수 현재형.

tragen: 나르다, 지다, 지니다.

unterdessen: 그 사이에, 그러는 동안에.

vergnügt: vergnügen(만족시키다, 기쁘게 하다)의 과거분사형. 만족한, 기뻐
          하는, 즐거워하는.

laßt: lassen(…하도록 하다)의 복수 명령형. …하자!

walten: 지배하다, 처리, 관리하다.

trinkt: trinken(마시다)의 2인칭 복수 명령형.

das Bier: 맥주.

besiegt: besiegen(이기다, 정복, 극복하다)의 3인칭 단수 현재형.

die Manier: 수법, 방식, 기교.

die Alten: 옛사람들.

fort: 앞으로, 나아가서, 더욱 더, 잇달아, 저리, 사라져서.

wässert: wässern(물이 나오다)의 3인칭 단수 현재형.

schon: 이미, 벌써.

das Maul: (동물의) 주둥아리, (사람의) 입의 속된 말.

die Anderen: 다른 사람들.

faul: 썩은, 게으른.

die Mode: 풍조, 유행.

erhalten: 보존, 유지하다, 목숨을 지탱하다, 받다, 얻다.

das Gläschen: das Glas(컵)의 축소명사. 작은 컵.

bringe: bringen(가져가다, 가져오다, 데리고 가다, 데리고 오다)의 1인칭 단수
        현재형.

lebe: leben(살다)의 접속법 1식형.

die Nachwelt: 후세, 후대.

bald: 곧, 금방.

der Abriß: 약도, 윤곽.

gebe: geben(주다)의 접속법 1식형.

setzt … an: ansetzen(갖다 대다, 붙잡다, 정하다, 하기 시작하다, 시도하다)의
2인칭 복수 명령형.

gleichfalls: 같게, 마찬가지로.

getan: tun(하다, 행하다)의 과거분사형.

edel: 고귀한, 고결한.

die Rebe: 덩굴, 포도(의 덩굴). 여기서는 der Rebe(남성형)으로 되어, 포도가
　　　　　남자로 의인화된 것임.

가사 번역

형제여, 즐거워하자,

왜냐하면 봄이 지속되고 있기에,

그리고 젊음의 햇빛이

우리의 땅을 밝게 비추고 있기에:

무덤과 관은 기다려주지 않으니;

지금 장미를 꺾는 사람,

그 사람이 화환을 선물로 받는도다.

몇 년 전만 해도

우리와 꼭 마찬가지로

젊고 즐거워했던 사람들,

이 사람들은 어디에 있는가? 나에게 말해다오.

그들의 몸은 모래가 덮었으니,

그들은 이 세상을 떠나

다른 나라로 가버렸도다.

우리 인생은 재빨리 도망치는 데에
어떠한 고삐에도 고통을 당하지 않고.
운명의 질투심은
언제나 날개를 단다:
시간과 해는 도망쳐 달아나니,
하여 아마도 사람들은 벌써
우리 무덤에 쓸 빗장을 깎고 있으리라.

우리의 조상들에 대해 연구하는 사람은,
교회 묘지에 물어봐도 좋으리라:
이미 오래 전에 썩어 문드러진, 조상들의 유골이
그에게 대답하리라.
정말이지 아침 종이 울리기 전에,
하늘이 곧 우리를 우리의 무덤으로
데려갈 지도 모르리라.

그 사이에 즐겨라,
하늘이 주관하도록 내맡겨 두어라!
옛 사람들이 했던 방식대로,
맥주가 너희들을 이겨버릴 때까지, 마셔라!
가자, 벌써 내 입에 군침이 도는구나,
그리고 너희 다른 친구들도,

이 (마시는) 풍조를 지키는 데에 게으르지 않겠지.

자네가 가장 사랑하는 사람이 축복을 받아,

후세에게 곧 자네의 모습을(아기를)

선사하게 되도록,

이 잔을 자네에게 주노라!

너희 다른 친구들도 마찬가지로 잔을 붙잡아라,

그리고 이제 그렇게 했으면(잔을 잡았으면),

숭고한 포도여 영원하라!

노래 해설

「형제여, 즐거워하자 Brüder, laßt uns lustig sein」라는 독일어 제목으로 번역이 된 이 노래는 독일에서 가장 오래된 '학생들의 노래 Studentenlied' 로서, 이미 13세기에 여기저기 돌아다니며 여행하는 학생들이 부르는 노래였다. 라틴어로 된 이 노래 가사는 그 동안 여러 가지 형태로 다양하게 개작되었다. 이 책에 나와 있는 라틴어 가사는 18세기에서 유래된 것이다. 이 라틴어 가사를 독일어로 옮긴 것 중에서 가장 오래된 것은 요한 크리스티안 귄터 Johann Christian Günther의 것인데, 그는 총 7절로 되어 있는 이 노래의 라틴어 가사를 이 책 위에서 보는 바와 같이 6절로 옮겼다.

독일어 가사 번역자 소개

요한 크리스티안 귄터 Johann Christian Günther(1695-1723):

독일의 시인. 경쾌한 '학생들의 노래'를 썼으며, 현대 '체험시'(Erlebnisdichtung)의 선구자이다.

독일어 가사 낭독법

이 노래 「형제여, 즐거워하자 Brüder, laßt uns lustig sein」의 독일어 가사는 주로 '강약격'의 율격으로 되어 있다. 그러므로 이 노래의 독일어 가사를 낭독할 때에는 이 '강약격'의 운율을 염두에 두고 낭송하도록 한다.

노래 부르기

이 노래는 낙천적인 삶의 자세를 노래하는 '학생들의 노래'이니 만큼, 중간 정도의 빠르기(모데라토)로 패기있고 "장중하게"(feierlich) 부르도록 하자. 이 노래 독일어 가사의 각 절마다 제3·4행은 제1·2행의 멜로디로 부른다.

이 노래의 라틴어 제목 "Gaudeamus igitur"는 "그러므로 즐거워하자"라는 뜻이다.

29. Stille Nacht, heilige Nacht

고요한 밤, 거룩한 밤

Text: Josef Mohr, 1818
Melodie: Franz Gruber, 1818

노래가사

1. Stille Nacht, heilige Nacht!

   Alles schläft, einsam wacht

   Nur das traute hochheilige Paar,

   Holder Knabe im lockigen Haar,

Schlaf in himmlischer Ruh

Schlaf in himmlischer Ruh.

2. Stille Nacht, heilige Nacht,

Hirten erst kund gemacht!

Durch der Engel Halleluja

Tönt es laut von fern und nah:

Christ, der Retter ist da!

Christ, der Retter ist da!

3. Stille Nacht, heilige Nacht!

Gottes Sohn, o wie lacht

Lieb' aus deinem göttlichen Mund,

Da uns schlägt die rettende Stund',

Christ, in deiner Geburt!

Christ, in deiner Geburt!

어휘 및 문법

still: 고요한, 조용한.

die Nacht: 밤.

heilig: 성스러운, 거룩한.

schläft: schlafen(잠자다)의 3인칭 단수 현재형.

einsam: 홀로, 고독한, 외로운.

wacht: wachen(깨어 있다, 일어나 있다)의 3인칭 단수 현재형.

nur: 단지, 다만, 오직.

traut: 사랑하는, 정다운.

hochheilig: 아주 성스러운, 너무도 거룩한.

das Paar: 짝, 쌍, 부부.

hold: 사랑스러운, 귀여운.

der Knabe: 사내아이, 소년.

lockig: 곱슬머리의.

das Haar: 털, 머리 털.

schlaf: schlafen(잠자다)의 명령형. 자거라!

himmlisch: 하늘의, 천국의.

die Ruhe: 평안, 휴식.

die Hirten: der Hirte(목자, 양치는 사람)의 복수형.

erst: 맨 처음에, 맨 먼저.

kund gemacht: kundmachen(알리다, 공포하다)의 과거분사형.

der Engel: 천사.

das Halleluja: 주를 찬양하는 노래, 할렐루야.

tönt: tönen(울리다, 소리 내다)의 3인칭 단수 현재형.

laut: 소리가 큰, 큰 소리의.

fern: 먼, 아득한.

nah(e): 가까운.

der Christ: der Christus(그리스도)의 옛말. 기독교인.

der Retter: retten(구하다)의 명사형. 구조자, 구세주.

der Sohn: 아들, 자식.

göttlich: 신의, 신성한, 거룩한.

der Mund: 입.

schlägt: schlagen(치다, 두드리다)의 3인칭 단수 현재형.

rettend: retten(구하다)의 현재분사형.

die Stunde: 시간.

die Geburt: 태어남, 출생, 태생, 분만.

가사 번역

고요한 밤, 거룩한 밤!
모든 것이 잠들어 있고, 오직 사랑스러운
너무도 성스러운 부부만이 외롭게 깨어 있네,
곱슬머리의 사랑스러운 아가야,
천국의 휴식 속에 잘 자거라,
천국의 휴식 속에 잘 자거라.

고요한 밤, 거룩한 밤,
목자들이 맨 먼저 알려 왔네!
천사들의 할렐루야 노래 소리로
멀리서 가까이에서 크게 울려 퍼졌네:
그리스도, 구세주가 오셨도다!
그리스도, 구세주가 오셨도다!

고요한 밤, 거룩한 밤!

하느님의 아들, 오 신적인 그 입에서

사랑이 웃음짓나니,

이제 우리에게 구원의 시간을 알리는 종소리 울리는도다,

구세주가 탄생하셨도다!

구세주가 탄생하셨도다!

노래 해설

이 노래는 독일의 성탄절 노래 중 가장 유명한 「고요한 밤, 거룩한 밤 Stille Nacht, heilige Nacht」이다. 세계적으로도 유명한 이 성탄절 노래는 다음과 같은 사연으로 만들어졌다: 오스트리아의 잘츠부르크 근교 오버른도르프에 살고 있었던 보좌 신부 요셉 모르 Joseph Mohr는 1818년 12월 24일 오전 (성탄의) '고요한 밤 '에 대해 지은 시를 친구인 교사 프란츠 그루버 Franz Gruber에게 가서 보여 주고, 그루버가 이 시에 즉시 곡을 붙여 작곡하였다. 이 노래는 바로 그날 밤 오버른도르프 성당에서 자정 미사 때에 기타 반주에 맞추어 처음으로 불리워졌다. 이 노래는 그 후 곧바로 티롤 지방으로 퍼져 나가 오늘날 전 세계적으로 유명한 노래가 되었다.

작사자 소개

요셉 모르 Joseph Mohr(1792-1848):

오스트리아 잘츠부르크 태생. 1815년 로마 가톨릭의 사제로 안수 받았으며, 오버른도르프의 성 니콜라스 성당 신부로 재직했다.

작곡자 소개

프란츠 그루버 Franz Gruber(1787-1863):

오버른도르프 학교의 음악 교사. 작사자 모르 신부가 재직하던 니콜라스 성당의 오르간 반주자였다.

노래 부르기

이 노래는 '성탄절 노래' 이므로 성탄절의 의미를 생각하면서, "느리고 부드럽게 "(langsam und sanft) 부르도록 하자.

「고요한 밤, 거룩한 밤」노래의 탄생 배경 :

　오스트리아에 있는 성 니콜라스 성당의 파이프 오르간이 고장나지 않았더라면 이 유명한 성탄절 노래가 생겨나지 않았을지도 모른다. 알프스 기슭에 있는 작은 마을 오버른도르프의 성 니콜라스 성당에는 27세의 요셉 모르 보좌 신부가 재직하고 있었다. 그가 부임한 지 3년째 되는 어느 겨울 저녁, 성당의 오르간이 고장났다는 전갈을 받았다. 이제 며칠 남지 않은 크리스마스 미사에 오르간을 사용하지 못하게 된 것이다. 안타까운 마음을 안고, 모르 신부는 교인들을 심방하러 나섰다. 잠시 후 그는 가난한 출산모의 집에 도착했다. 그는 갓 태어난 아이와 산모에게 복을 빌어 주었다. 돌아오면서 그는 가난한 집 아기의 출생과 예수님의 성탄을 비교해 보았다. 집에 돌아온 그는 초라했지만 장엄했던 첫 번 크리스마스를 생각하며 펜을 들었다. 후에 전세계적으로 유명하게 된 이 찬송시가 이때 지어졌던 것이다.

　모르 신부는 친구이자 그 성당 오르간 반주자였던 그루버에게 오르간 대신 기타로 연주할 수 있는 곡을 붙여 달라고 부탁했다. 그리하여 이 유명한 곡이 완성되었다. 그날 밤 성탄절 자정 미사 때 두 명의 솔로(작사자인 모르 신부가 테너, 작곡자인 그루버가 베이스를 맡음)와 몇몇 성가대원들이 기타 반주에 맞추어 이 노래를 불렀다. 모르 신부는 좋은 기타를 가지고 있었고, 또 기타를 아주 잘 연주할 수 있었다고 한다.

　이 노래를 널리 보급시킨 인물은 1825년 오버른도르프의 오르간을 고치러 왔던 오르간 제작자 칼 마우라허 Karl Mauracher였다. 마우라허는 이때 이 곡을 알게 되어, 악보를 베껴서 자기 고향과 이웃 마을에 보급시켰다. 이러한 사연으로부터 이 유명한 성탄절 노래는 탄생하게 된 것이다.

30. O du fröhliche

즐거운 성탄절

노래가사

1. O du fröhliche, o du selige,

   Gnadenbringende Weihnachtszeit!

   Welt ging verloren;

   Christ ist geboren.

   Freue, freue dich, o Christenheit.

2. O du fröhliche, o du selige,

   Gnadenbringende Weihnachtszeit!

   Christ ist erschienen,

   Uns zu versöhnen,

Freue, freue dich, o Christenheit!

3. O du fröhliche, o du selige,

Gnadenbringende Weihnachtszeit!

Himmlische Heere

Jauchzen dir Ehre:

Freue, freue dich, o Christenheit!

어휘 및 문법

gnadenbringend: 은혜, 은총을 가져다주는.

die Weihnachtszeit: 성탄절.

die Welt: 세상, 세계.

ging … verloren: verlorengehen(없어지다, 사라지다)의 과거형.

der Christ: 기독교인. 그리스도.

geboren: gebären(낳다, 해산하다)의 과거분사형. 태어난.

die Christenheit: 전 그리스도 교도, 기독교계.

erschienen: erscheinen(나타나다)의 과거분사형.

versöhnen: 달래다, 화해시키다.

himmlisch: 하늘의, 하느님의, 신성한, 숭고한.

die Heere: das Heer(군대, 육군)의 복수형.

jauchzen: 환호하다.

die Ehre: ehren(존경하다)의 명사형. 명예, 영광.

가사 번역

오 그대 즐거운, 오 그대 행복한,

은총을 가져다주는 성탄절이여!

세상은 사라져 버렸고;

구세주가 탄생하셨도다.

즐거워, 즐거워하라, 오 온 성도들이여.

오 그대 즐거운, 오 그대 행복한,

은총을 가져다주는 성탄절이여!

우리의 죄를 속죄해 주시려고,

구세주가 나타나셨도다,

즐거워, 즐거워하라, 오 온 성도들이여!

오 그대 즐거운, 오 그대 행복한,

은총을 가져다주는 성탄절이여!

천국의 군대가

그대에게 경의를 표하며 환호하는도다:

즐거워, 즐거워하라, 오 온 성도들이여!

노래 해설

"오 그대 즐거운 (성탄절) O du fröhliche"이라는 독일어 제목의 이 「즐거운 성탄절」 노래는 예수 그리스도의 탄생과 그리스도를 통한 구원의 기쁨을 노래하고 있다. 이 곡은 원래 시칠리아 어부들의 노래에서 유래하는데, 헤르더 Johann Gottfried Herder가 1788년 이탈리아 여행길에서 독일로 가져온 것이다. 이 노래는 바이마르에서 교사로 있었던 요한네스 다니엘 팔크 Johannes Daniel Falk가 1816년에 가사를 만들어 붙임으로써, 독일의 교회와 가정에서 가장 즐겨 부르는 성탄절 노래 중의 하나가 되었다. 이 노래의 제2, 3절 가사는 하인리히 홀츠슈어 Heinrich Holzschuher가 작사한 것이다.

작사자 소개

요한네스 다니엘 팔크 Johannes Daniel Falk(1768-1826):

독일의 저술가, 교육가. 1797년 바이마르로 이주한 뒤부터 그는 괴테와 자주 만났다. 나중에 그는 고아와 어려운 처지의 아이들을 돌보는 일에 완전히 헌신했다. ("루터의 집 Lutherhof"을 세웠으며, 후에 이것은 "팔크관(館) Falksches Institut"으로 이름이 바뀌어짐) 그가 쓴 「즐거운 성탄절 O du fröhlich」 노래는 가장 유명한 성탄절 노래 Weihnachtslied 중의 하나가 되었다.

노래 부르기

이 노래는 성탄의 기쁨을 노래하는 성탄절 노래이니 만큼, 밝고 기쁜 마음으로, 그리고 안단테의 빠르기로 느리게 부르도록 하자.

31. Still, still, still

조용, 조용, 조용하라

노래가사

1. Still, still, still, weil's Kindlein schlafen will!

   Maria tut es niedersingen,

   ihre keusche Brust darbringen.

   Still, still, still, weil's Kindlein schlafen will!

2. Schlaf, schlaf, schlaf, mein liebes Kindlein, schlaf!

   Die Engel tun schön musizieren,

   vor dem Kindlein jubilieren.

   Schlaf, schlaf, schlaf, mein liebes Kindlein, schlaf!

3. Groß, groß, groß, die Lieb' ist übergroß.

Gott hat den Himmelsthron verlassen

und muß reisen auf der Straßen.

Groß, groß, groß, die Lieb' ist übergroß.

4. Auf, auf, auf, ihr Adamskinder auf!

Fallet Jesum all' zu Füßen,

weil er für uns d'Sünd tut büßen!

Auf, auf, auf, ihr Adamskinder auf!

5. Wir, wir, wir, wir rufen all' zu dir:

Tu uns des Himmels Reich aufschließen,

wenn wir einmal sterben müssen.

Wir, wir, wir, wir rufen all' zu dir.

어휘 및 문법

weil's: weil das를 줄인 말.

das Kindlein: das Kind의 축소명사형. 작은 아이.

schlafen: 자다.

tut: tun(하다, 행하다)의 3인칭 단수 현재형.

niedersingen: 아래로 몸을 굽혀 노래하다.

keusch: 순결한, 정결한.

die Brust: 가슴.

darbringen: 내놓다, 증정하다.

das Kindlein: das Kind(아이)의 축소명사형.

die Engel: der Engel(천사)의 복수형.

tun: 하다, 행하다.

schön: 아름다운, 훌륭한.

musizieren: 음악을 연주하다.

jubilieren: = jubeln, 환호하다, 즐겁게 지내다.

groß: 큰, 많은, 위대한.

übergroß: 과대한, 거대한, 터무니없는.

der Himmelsthron: 하늘의 옥좌, 왕위.

verlassen: verlassen(떠나다, 버리다)의 과거분사형.

reisen: 여행하다, 여행을 떠나다.

die Straßen: die Straße(길, 도로)의 복수형.

auf!: 일어나라!

die Adamskinder: 아담의 자식들.

fallet: fallen(떨어지다, 넘어지다, 쓰러지다)의 2인칭 복수 명령형. 쓰러져라!

der Jesum: = der Jesus, 예수.

die Füße: der Fuß(발)의 복수형.

die Sünde: 죄, 죄악.

büßen: 속죄하다.

rufen: 외치다, 부르다.

das Reich: 나라, 영토, 영역.

aufschließen: 열다, 해명하다.

einmal: 한 번, 언젠가.

sterben: 죽다.

가사 번역

아기가 자려고 하니, 조용, 조용, 조용하라!
마리아가 아래로 몸을 굽혀 노래 부르고,
그녀의 순결한 가슴을 내어 놓는도다.
아기가 자려고 하니, 조용, 조용, 조용하라!

잘 자라, 잘 자라, 잘 자라, 사랑하는 내 아가야, 잘 자라!
천사들이 아기 앞에서
아름답게 음악을 연주하고, 환호하는도다.
잘 자라, 잘 자라, 잘 자라, 사랑하는 내 아가야, 잘 자라!

위대하고, 위대하고, 위대하니, 사랑이 너무도 위대하도다.
하느님이 하늘의 옥좌를 떠나

길 위로 여행을 떠나야만 하는구나.

위대하고, 위대하고, 위대하니, 사랑이 너무도 위대하도다.

일어나, 일어나, 일어나라, 너희 아담의 자식들아 일어나라!

모두 예수님의 발 아래 엎드려라,

그가 우리의 죄를 속죄하시느니라!

일어나, 일어나, 일어나라, 너희 아담의 자식들아 일어나라!

우리, 우리, 우리, 우리는 모두 당신을 부르며 빕니다:

우리가 언젠가 죽어야만 할 때,

우리에게 천국의 문을 열어 주소서.

우리, 우리, 우리, 우리는 모두 당신을 부르며 빕니다.

노래 해설

아기 예수가 잠을 자려고 하니 「조용, 조용, 조용하라 Still, still, still」는 제목의
이 성탄절 노래는 1819년 잘츠부르크에서 나온 것으로 예수 그리스도 탄생의 종교
적 의미를 노래하고 있다. 아름답고 우아한 선율의 이 노래는 1800년대에 잘츠부
르크에서 구체적인 악보와 노래로 정착이 되기까지, 아마도 오랜 기간에 걸쳐 입
에서 입으로 전해져 내려온 것으로 추정된다.

노래 부르기

　이 노래는 예수 탄생과 예수 그리스도의 종교적 의미를 노래하는 성탄절 노래이니 만큼, 노래의 가사 내용을 생각하면서 조용하고 은은하게, 그리고 안단테의 빠르기로 느리게 부르도록 하자.

32. Morgen kommt der Weihnachtsmann

내일 산타클로스가 온다

노래가사

1. Morgen kommt der Weihnachtsmann,

    Kommt mit seinen Gaben.

    Trommel, Pfeifen und Gewehr,

    Fahn und Säbel und noch mehr,

    Ja, ein ganzes Kriegesheer

    Möcht ich gerne haben.

2. Bring uns, lieber Weihnachtsmann,

    Bring auch morgen, bringe

    Musketier und Grenadier,

    Zottelbär und Panthertier,

    Roß und Esel, Schaf und Stier,

    Lauter schöne Dinge!

3. Doch du weißt ja unsern Wunsch,

Kennst ja unsre Herzen.

Kinder, Vater und Mama,

Auch sogar der Großpapa,

Alle, alle sind wir da,

Warten dein mit Schmerzen.

어휘 및 문법

morgen: 내일.

kommt: kommen(오다)의 3인칭 단수 현재형.

der Weihnachtsmann: 산타클로스.

die Gabe: geben(주다)의 명사형. 선물, 천부적 재능.

die Trommel: 북.

die Pfeife: 피리, 호각.

das Gewehr: 총.

die Fahne: 기, 깃발.

der Säbel: 칼, 군도.

noch mehr: 더욱 더, 더 많이.

ganz: 온전한, 완전한, 전체의.

das Kriegsheer: 군대.

möchte: mögen의 접속법 1인칭 단수 과거형. …하고 싶다.

gern(e): 즐겨, 기꺼이.

bring: bringen(가져가다, 가져오다, 데리고 가다, 데리고 오다)의 2인칭
    명령형.

lieb: 사랑하는, 사랑스러운.

morgen: 내일.

der Musketier: (옛날의) 소총병. (일반적으로) 보병.(독일에서는 1918년까지
    이 이름이 있었음)

der Grenadier: 척탄병, 보병.

der Zottelbär: 융모가 있는 곰.

das Panthertier: 표범 짐승.

das Roß: 말(馬)(의 시적인 표현).

der Esel: 나귀.

das Schaf: 양.

der Stier: 황소.

lauter: 순수한, 온통.

schön: 아름다운, 훌륭한.

die Dinge: das Ding(물건, 사물)의 복수형.

doch: 그래도, 하지만, 그러나.

weißt: wissen(알다)의 2인칭 단수 현재형.

der Wunsch: wünschen(원하다, 바라다)의 명사형. 소원, 희망.

kennst: kennen(알다, 식별하다)의 2인칭 단수 현재형.

die Herzen: das Herz(심장, 가슴, 마음, 심정)의 복수형.

die Kinder: das Kind(아이, 자식)의 복수형.

der Vater: 아버지.

die Mama: 엄마.(이 단어의 기원은 Papa(아빠)와 같이 어린 아이의 자연음임.)

sogar: 더욱이, 더군다나, 게다가.

der Großpapa: 할아버지. der Großvater(할아버지)의 애칭.

warten: 기다리다.

dein: 여기서는 auf dich의 의미로 쓰인 것임.

auf jn. warten: 누구를 기다리다.

die Schmerzen: der Schmerz(아픔, 고통)의 복수형.

가사 번역

내일 산타클로스가 온다,

선물을 가지고 온다.

북과 피리와 총,

깃발과 칼 그리고 또 더 많이,

그래, 나는 정말 군대 전체를

다 갖고 싶어.

우리에게 갖다줘요, 사랑스런 산타클로스,

내일도 갖다줘요,

소총병과 척탄병,

더부룩하게 털로 덮인 곰과 표범 짐승,

말과 나귀, 양과 황소,

온갖 멋진 것들을 갖다줘요!

3절

하지만 정말 우리의 소원을 알잖아요,

정말 우리의 마음을 알잖아요.

아이들도, 아버지와 엄마도,

또 심지어 할아버지도,

모두, 우리는 모두 다,

고통스럽게 당신을 기다려요.

노래 해설

「내일 산타클로스가 온다 Morgen kommt der Weihnachtsmann」라는 제목의 이 성탄절 노래는 호프만 폰 팔러스레벤 Hoffmann von Fallersleben이 작사한 노래이다. 이 노래는 "반짝반짝 작은 별, 아름답게 비치네…" 라는 가사로 우리에게 알려져 있다.

작사자 소개

호프만 폰 팔러스레벤 Hoffmann von Fallersleben(1798-1874): 이 책의 22-23쪽 참조!

독일어 가사 낭독법

이 노래 「내일 산타클로스가 온다 Morgen kommt der Weihnachtsmann」의
독일어 가사는 거의 '강약격'의 율격으로 되어 있다.

노래 부르기

이 노래는 중간 정도의 빠르기(모데라토)로 부르도록 하자.

「내일 산타클로스가 온다」, 이 노래가 '성탄절 노래'?

독일 애국가의 가사를 쓴 시인이자 투철한 민주주의자인 호프만 폰 팔러스레벤이 (1835년
경에) 어떠한 의도에서 이 노래의 1, 2절과 같은 가사를 썼는지 좀 의아한 생각이 든다. 왜냐
하면 이 노래 가사는 총과 칼, 소총병과 척탄병 등 온갖 전쟁에 쓰이는 무기나 군인들로 된 장
난감을 어린아이가 갖고 싶다고 산타클로스에게 요구하는 내용으로 되어 있기 때문이다. 아마
도 이 노래는 이와 같은 가사의 내용으로 인하여 성탄절 노래 중 기독교 사상으로부터, 또 "땅
에는 평화"라는 성탄절 복음으로부터 가장 거리가 먼 노래가 아닌가 싶다.

그럼에도 불구하고 이 노래가 19세기에 독일 어린이들이 가장 즐겨 불렀던 동요 중의 하나
가 되었다는 것은 그만큼 산타클로스가 권위주의적인 가장을 상징하는 것으로 그 의미가 변화
되었다는 것과, 지나칠 정도로 크리스마스 선물에 무분별한 욕심을 부리게 되었다는 점 등, 당
시 독일 사회의 성탄절 분위기를 말해 주는 것이라고도 할 수 있을 것이다.

33. Laßt uns froh und munter sein

기뻐하고 즐거워하자

1. Laßt uns froh und munter sein

   und uns recht von Herzen freun!

   Lustig, lustig, traleralera!

   Bald ist Nikolausabend da,

   bald ist Nikolausabend da!

2. Dann stell' ich den Teller auf,

   Nik'laus legt gewiß was drauf.

Lustig, lustig, traleralera!

Bald ist Nikolausabend da,

bald ist Nikolausabend da!

3. Wenn ich schlaf', dann träume ich,

jetzt bringt Nik'laus was für mich.

Lustig, lustig, traleralera!

Bald ist Nikolausabend da,

bald ist Nikolausabend da!

4. Wenn ich aufgestanden bin,

lauf' ich schnell zum Teller hin.

Lustig, lustig, traleralera!

Bald ist Nikolausabend da,

bald ist Nikolausabend da!

5. Nik'laus ist ein guter Mann,

dem man nicht genug danken kann.

Lustig, lustig, traleralera!

Bald ist Nikolausabend da,

bald ist Nikolausabend da!

어휘 및 문법

laßt: lassen(…하도록 하다)의 복수 명령형. …하자!

froh: 기쁜, 즐거운.

munter: 눈뜬, 생기 있는, 활발한.

recht: 곧은, 올바른, 정당한, 알맞는, 참된, 참으로, 매우.

das Herz: 심장, 가슴, 마음, 심정.

von Herzen: 마음으로, 진심으로.

sich freuen: 즐거워하다.

lustig: 즐거운, 신나게.

bald: 곧, 금방.

der Nikolausabend: 산타클로스의 저녁.

dann: 그 경우에, 그 때에, 그러자, 그리고 나서.

stelle … auf: aufstellen(세우다, 놓다)의 1인칭 단수 현재형.

der Teller: 접시.

legt: legen(놓다, 눕히다, 두다)의 3인칭 단수 현재형.

gewiß: 확실한, 확실히.

darauf: 그 위에.

wenn: …일 때에는, …일 경우에는.

schlafe: schlafen(자다)의 1인칭 단수 현재형.

träume: träumen(꿈을 꾸다)의 1인칭 단수 현재형.

jetzt: 지금, 현재.

bringt: bringen(가져가다, 가져오다, 데리고 가다, 데리고 오다)의 3인칭 단수
    현재형.

aufgestanden: aufstehen(일어나다, 일어서다)의 과거분사형.

laufe: laufen(달리다, 나아가다)의 1인칭 단수 현재형.

hin: 저쪽으로.

schnell: 빠른, 빨리, 신속한.

gut: 좋은, 선한.

der Mann: 사람, 인간, 남자.

genug: 넉넉한, 충분한, 충분히.

danken: 감사하다, 고마워하다.

가사 번역

기뻐하고 즐거워하자
그리고 정말 진심으로 즐거워하자!
즐거워, 즐거워, 트랄레랄레라!
곧 산타클로스가 오는 저녁이 된단다,
곧 산타클로스가 오는 저녁이 된단다!

그러면 나는 접시를 갖다 놓아야지,
산타클로스가 분명히 그 위에 뭔가를 올려 놓을거야.
즐거워, 즐거워, 트랄레랄레라!
곧 산타클로스가 오는 저녁이 된단다,
곧 산타클로스가 오는 저녁이 된단다!

내가 잠을 자면, 꿈을 꾸겠지,

이제 산타클로스가 나를 위해 뭔가를 갖다 줄거야.

즐거워, 즐거워, 트랄레랄레라!

곧 산타클로스가 오는 저녁이 된단다,

곧 산타클로스가 오는 저녁이 된단다!

내가 일어나면,

빨리 접시 있는 데로 달려가야지.

즐거워, 즐거워, 트랄레랄레라!

곧 산타클로스가 오는 저녁이 된단다,

곧 산타클로스가 오는 저녁이 된단다!

산타클로스는 좋은 분이야,

아무도 그분에게 충분히 감사를 다 드릴 수는 없을거야.

즐거워, 즐거워, 트랄레랄레라!

곧 산타클로스가 오는 저녁이 된단다,

곧 산타클로스가 오는 저녁이 된단다!

노래 해설

산타클로스가 곧 올테니 「기뻐하고 즐거워하자 Laßt uns froh und munter

sein」 라는 내용의 이 노래는 "동 동 동대문을 열어라, 남 남 남대문을 열어라…" 라는 노래 가사로, 또는 "부엉 부엉새가 우는 밤, 부엉 춥다고서 우는데" 라는 노래 가사로 우리에게 잘 알려져 있다.

노래 부르기

이 노래는 기쁜 마음으로 산타클로스를 기다리는 내용의 노래이므로, 경쾌하게 알레그로의 속도로 빠르게 부르도록 하자.

산타클로스 :

기독교의 성인(聖人) 니콜라스를 일컫는 이름. 4세기 초 소아시아(오늘날의 터어키)의 작은 항구 도시 뮈라의 주교(主敎)였던 성(聖) 니콜라스는 그리스정교회의 세계에서 가장 유명한 성인이 되었다. 중세에 유럽에는 이미 2,000 여 개의 니콜라스 성당이 있었다고 한다. 축일(祝日)은 12월 6일인데, 이 날은 원래 독일에 기독교가 전파되기 이전 게르만 민족의 신(神)인 보단(Wodan)을 경배하는 축제일이었다.

오스트리아에서는 지금도 이 산타클로스의 날 전야인 12월 5일 저녁에 (산타클로스) 주교로 분장한 사람이 가면과 짚, 모피로 가장한 사람들과 행렬을 지어 마을을 누비고 다니며 어린이에게 설교도 하고 또 과자와 귤도 준다. 그러나 이러한 가톨릭 지역의 행사는 북독일과 같은 개신교 지역에서는 폐지되거나 크리스마스로 옮겨졌다. 이로써 성 니콜라스와 크리스마스는 끊을 수 없는 관계가 되었다.

산타클로스는 선원과 학생들을 지켜주는 수호 성인(聖人)이다. 그렇기 때문에 그는 자주 엄한 선생님으로 나타난다. 산타클로스는, 아이들에게 선물을 주기 전에, 그의 커다란 책을 보고 아이들의 잘못된 행실을 읽어준다. 그러면 아이들은 산타클로스에게 시 한편을 낭송해야만 한다. 집에서는 아이들이 산타클로스가 오기 전날 저녁, 문 앞에 신발을 갖다 놓는다. 그러면 산타클로스가 그 신발에 과자를 담아준다고 한다.

34. Tochter Zion

시온의 딸

노래가사

1. Tochter Zion, freue dich!

   Jauchze laut, Jerusalem!

Sieh, dein König kommt zu dir!

Ja, er kommt, der Friedensfürst.

Tochter Zion, freue dich!

Jauchze laut, Jerusalem!

2. Hosianna, Davids Sohn!

   sei gesegnet deinem Volk!

   Gründe nun dein ew'ges Reich.

   Hosianna in der Höh'.

   Hosianna, Davids Sohn,

   sei gesegnet deinem Volk!

3. Hosianna, Davids Sohn!

   Sei gegrüßet, König mild!

   Ewig steht dein Friedensthron,

   du, des ew'gen Vaters Kind.

   Hosianna, Davids Sohn!

   Sei gegrüßet, König mild!

어휘 및 문법

die Tochter: 딸.

der Zion: 시온(예루살렘에서 가장 높은 언덕), 예루살렘.

freue dich: sich freuen(즐거워하다)의 2인칭 단수 명령형. 즐거워하라!

jauchze: jauchzen(환호하다)의 명령형. 환호해라!

laut: 큰 소리로.

sieh: sehen(보다)의 2인칭 단수 명령형. 보아라!

der König: 왕.

kommt: kommen(오다)의 3인칭 단수 현재형.

der Friedensfürst: 평화의 왕.

hosianna!: 호산나!, 만세!

 (임금이나 영웅을 환영할 때에 유태 사람이 지르는 소리)

der Sohn: 아들.

gesegnet: segnen(축복하다)의 과거분사형.

das Volk: 민족, 국민, 민중.

gründe: gründen(기초를 세우다, 창설, 창립하다)의 2인칭 단수 명령형.

nun: 지금, 이제.

ewig: 영원한, 영구한.

das Reich: 나라, 영토, 영역.

die Höhe: 높음, 높이, 높은 곳.

gegrüßt: grüßen(…에게 인사하다, 절하다)의 과거분사형.

der König: 왕.

mild: 부드러운, 온화한, 상냥한, 인자한.

steht: stehen(서다, 서 있다)의 3인칭 단수 현재형.

der Friedensthron: 평화의 옥좌.

der Vater: 아버지.

das Kind: 아이, 자식.

가사 번역

시온의 딸아, 즐거워하라!

큰 소리로 환호하라, 예루살렘아!

보라, 너의 왕이 너에게 왔도다!

정말, 그가 왔다, 평화의 왕이.

시온의 딸아, 즐거워하라!

큰 소리로 환호하라, 예루살렘아!

호산나, 다윗의 아들이여!

그대의 민족에 축복 있으라!

이제 그대의 영원한 나라를 세워라.

높은 곳에서 만세.

만세, 다윗의 아들이여!

그대의 민족에 축복 있으라!

호산나, 다윗의 아들이여!

잘 오셨나이다, 온유의 왕이시여!

그대, 영원한 아버지의 아들이여,

그대 평화의 옥좌는 영원히 서리라.

만세, 다윗의 아들이여!

잘 오셨나이다, 온유의 왕이시여!

노래 해설

　「시온의 딸 Tochter Zion」이라는 제목의 이 노래는 독일의 성탄절 노래로서, 가사는 요한 에셰부르크 Johann Escheburg(1743-1820) 혹은 프리드리히 하인리히 랑케 Friedrich Heinrich Ranke(1798-1876)가 썼으며, 곡은 헨델 Georg Friedrich Händel이 작곡했다. 이 노래는 「주님께 영광」이라는 제목과 함께 "주님께 영광 다시 사신 주, 사망 권세 모두 이기시었네…" 라는 가사의 찬송가로 우리에게 잘 알려져 있다.

작곡자 소개

　헨델 Georg Friedrich Händel(1685-1759):

　독일 태생의 영국 작곡가. 중부 독일의 할레에서 태어났다. 1711년에 상연된 오페라 「리날도」가 대성공을 거두자 영국을 활동의 본거로 삼게 되고, 1827년에 영국 국적을 얻었다. 우리에게 잘 알려진 헨델의 오라토리오(성담곡 聖譚曲)『메시아』는 1741년 8월 아일랜드 총독의 의뢰를 받고 겨우 24일 만에 완성된 작품으로서, 이듬해인 1742년 4월 더블린에서 초연되어 대성공을 거두었다. 그는 1759년 런던에서 세상을 떠나 웨스트민스터 사원에 묻혔다.

독일어 가사 낭독법

　이 노래 「시온의 딸 Tochter Zion」의 독일어 가사는 주로 '강약격' 의 율격으로 되어 있다. 그러므로 이 노래의 독일어 가사를 낭독할 때에는 이 '강약격' 의 운율을 염두에 두고 낭송하도록 한다.

노래 부르기

이 노래는 예수 그리스도 탄생의 종교적 의의를 노래하는 성탄절 노래이므로, 가사의 뜻을 새기면서 중간 정도의 빠르기(모데라토)로 부르도록 하자.

헨델의 『메시아』 중 「할렐루야」:

이 『메시아』가 런던에서 초연되었을 때에는 영국 황제 조지 2세가 친히 관람했는데, 유명한 「할렐루야」 합창에 접어들자 황제가 감격한 나머지 자리에서 일어났기 때문에 측근과 청중들도 그에 따랐다. 이로부터 연유된 습관이 현재까지도 계속되어, 영국 청중들은 이 「할렐루야」 합창이 연주될 때는 모두 기립한다고 한다.

35. Ich liebe dich

그대를 사랑해

Text: Karl Friedrich Herrosee
Melodie: Ludwig van Beethoven

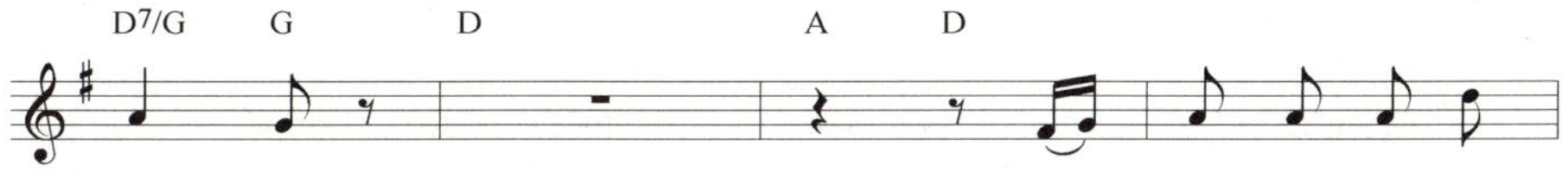

Kla - gen. Drum Got - tes Se - gen ü - ber dir, du mei - nes Le - bens
Freu - de, Gott schütze dich, er - halt dich mir schütz und er - halt uns
beide, Gott schü - tze dich, er - halt dich mir schütz
und er - halt uns beide, er - halt, er - halt uns beide er -
halt uns bei - de!

Ich liebe dich, so wie du mich,

am Abend und am Morgen,

noch war kein Tag, wo du und ich

nicht teilten unsre Sorgen.

Auch waren sie für dich und mich

geteilt leicht zu ertragen;

du tröstetest im Kummer mich,

ich weint' in deine Klagen, in deine Klagen.

Drum Gottes Segen über dir,

du meines Lebens Freude,

Gott schütze dich, erhalt dich mir,

schütz und erhalt uns beide,

Gott schütze dich, erhalt dich mir,

schütz und erhalt uns beide,

erhalt, erhalt uns beide,

erhalt uns beide!

어휘 및 문법

liebe: lieben(사랑하다)의 1인칭 단수 현재형.

so: 그렇게.

wie: …처럼, …하는 것처럼.

am Abend: 저녁에.

am Morgen: 아침에.

noch: 아직.

kein: 하나도 …않다.

der Tag: 낮, 대낮, 날.

wo: 여기서는 시간적 상황을 나타내는 관계대명사.

teilten: teilen(나누다, 구분하다)의 1인칭 복수 과거형.

die Sorgen: die Sorge(근심, 걱정, 불안)의 복수형.

auch: …도, 역시, 또한.

waren: sein동사의 3인칭 복수 과거형.

für: …을 위한, 위하여.

geteilt: teilen(나누다, 분리, 분할, 구분하다)의 과거분사형.

leicht: 가벼운, 쉬운.

ertragen: 견디어 내다, 참다.

tröstetest: trösten(위로하다)의 2인칭 단수 과거형.

der Kummer: 비애, 근심, 걱정, 불행, 곤궁.

weint': weinte의 준말. weinen(울다)의 1인칭 단수 과거형.

die Klagen: die Klage(비탄, 한탄, 불평)의 복수형.

drum: darum의 준말. 그러므로, 그 때문에.

der Gott: 하느님.

der Segen: 축복, 하느님의 은혜.

über: …위에, 위로.

das Leben: 삶, 인생.

die Freude: 기쁨, 즐거움.

schütze: schützen(막다, 지키다, 보호하다)의 접속법 1식형. 보호해 주소서!

erhalt: erhalte의 준말. erhalten(보존, 보호, 부양하다)의 접속법 1식형. 보호
    하소서!

beide: 둘, 두 사람.

가사 번역

그대가 나를 사랑하듯,

저녁이나 아침이나, 나 그대를 사랑해요,

그대와 내가 우리의 근심을

함께 나누지 않은 날은 하루도 없었어요.

그 근심 또한 그대와 내가 나누어

쉽게 견디어 낼 수 있었지요;

그대는 내가 근심할 때, 그 근심 속에서 나를 위로해 주었고,

나는 그대가 슬퍼할 때, 그대의 슬픔 속에서 울었지요.

그대 나의 삶의 기쁨이여,

그러므로 하느님의 축복이 그대에게 있기를 비나이다,

하느님이 그대를 지켜주시고, 그대를 내 곁에 보전해 주시기를,

우리 두 사람을 지켜주고 보호해 주시기를,

하느님이 그대를 지켜주시고, 그대를 내 곁에 보전해 주시기를,

우리 두 사람을 지켜주고 보호해 주시기를,

우리 두 사람을 보호해 주시기를, 보호해 주시기를,

우리 두 사람을 보호해 주시기를 비나이다!

노래 해설

칼 프리드리히 헤로세 Karl Friedrich Herrosee가 작사하고 베토벤 Ludwig

van Beethoven이 작곡한 이 노래「그대를 사랑해 Ich liebe dich」는 아름다운 선율과 가사로 우리 나라에서 아주 애창되고 있는 독일 가곡이다.

작곡자 소개

베토벤 Ludwig van Beethoven: 이 책의 167-168쪽 참조!

독일어 가사 낭독법

이 노래「그대를 사랑해 Ich liebe dich」의 독일어 가사는 거의 '약강격' 의 율격으로 되어 있다. 그러므로 이 노래의 독일어 가사를 낭독할 때에는 이 '약강격' 의 운율을 염두에 두고 낭송하도록 한다.

노래 부르기

이 노래「그대를 사랑해 Ich liebe dich」는 곡도 아름답지만, 특히 노래의 가사가 참으로 훌륭하고 아름다운 사랑의 내용을 담고 있다. 그러므로 이 노래는 무엇보다도 그 가사의 내용을 생각하면서, 안단테의 빠르기로 느리게 부르도록 하자.

36. Auf Flügeln des Gesanges

노래의 날개 위에

Text: Heinrich Heine
Melodie: F. Mendelssohn

Am/C   D7   G   G7/F   Am   D7   G   G/D
cresc.
1.   2.
trau - tes Schwester - lein.   2. Die   3. Dort   wol - len wir nie - der -
heil' - gen Stro - mes Well'n.

D7/A   D7   D7/F#   D7   G   C/E   D7/F#
sin - ken   un - ter dem Pal - men - baum,   und Lieb' und Ru - he

B7/D#   Em   Am7/C   D   G/B   G7/F   A/E   Cdim/Eb
cresc.   f
trin - ken   und   träu - men se - li - gen Traum,   und

D7   G/B   Am   D7   G   G/D   D7/F#   D7
dim.
träu - men   se - li - gen Traum,

G   G/B   D7/F#   D7   G
dim.
se - li - gen Traum.

노래가사

Auf Flügeln des Gesanges,

Herzliebchen, trag ich dich fort,

Fort nach den Fluren des Ganges,

Dort weiß ich den schönsten Ort.

Dort liegt ein rotblühender Garten

Im stillen Mondenschein;

Die Lotosblumen erwarten

Ihr trautes Schwesterlein,

Die Lotosblumen erwarten

Ihr trautes Schwesterlein.

Die Veilchen kichern und kosen,

Und schaun nach den Sternen empor;

Heilich erzählen die Rosen

sich duftende Märchen ins Ohr.

Es hüpfen herbei und lauschen

Die frommen, klugen Gazell'n;

Und in der Ferne rauschen

Des heil'gen Stromes Well'n.

Und in der Ferne rauschen

Des heil'gen Stromes Well'n.

Dort wollen wir niedersinken

Unter dem Palmenbaum,

Und Lieb' und Ruhe trinken

Und träumen seligen Traum,

seligen Traum.

어휘 및 문법

der Flügel: 날개

der Gesang: 노래, 가요, 가곡.

das Herzliebchen: 마음속 깊이 사랑하는 연인.

trage ⋯ fort: forttragen(날라 가다)의 1인칭 단수 현재형.

die Fluren: die Flur(평야, 평지, 초원)의 복수형.

der Ganges: 갠지스 강(인도의 강).

weiß: wissen(알다)의 1인칭 단수 현재형.

der Ort: 장소, 곳.

liegt: liegen(누워 있다, 놓여 있다)의 3인칭 단수 현재형.

rotblühend: 붉게 꽃이 피는.

der Garten: 정원.

still: 조용한, 고요한.

der Mondenschein: 달빛.

die Lotosblume: die Lotusblume. 연꽃.

erwarten: 기다리다, 고대하다.

traut: 사랑하는, 친애하는.

das Schwesterlein: die Schwester(누이, 자매)의 축소명사형.

das Veilchen: 제비꽃.

kichern: 낄낄 웃다. 킥킥거리다.

kosen: 애무하다, 귀여워하다.

schauen … empor: emporschauen(올려다 보다)의 3인칭 복수 현재형.

die Sterne: der Stern(별)의 복수형.

heimlich: 은밀한, 은밀히, 내밀한.

erzählen: 이야기하다.

die Rosen: die Rose(장미)의 복수형.

duftend: duften(증발하다, 냄새, 향기가 나다)의 현재분사형. 향기를 내는.

das Märchen: 동화.

das Ohr: 귀.

hüpfen herbei: = herbeihüpfen. 이쪽(말하는 사람 쪽)으로 뛰다, 껑충껑충
  뛰다.

lauschen: 엿듣다, 귀를 기울이다.

fromm: 신앙심이 깊은, 경건한, 온순한.

klug: 영리한.

die Gazell'n: die Gazellen. die Gazelle(가젤라, 영양(羚羊)의 일종)의 복수형.

die Ferne: 멀음, 먼 곳.

rauschen: 쏴쏴 소리 내다.

heil'gen: heiligen 의 준말. 성스러운.

der Strom: 강.

die Well'n: die Wellen의 준말. die Welle(물결, 파도)의 복수형.

dort: 거기(에), 저기(에).

wollen: 여기서는 화법조동사로 쓰인 것임. …하도록 하자.

niedersinken: 아래로 가라앉다, 침몰하다.

der Palmenbaum: 야자나무.

der Baum: 나무.

die Liebe: 사랑.

die Ruhe: 평안, 휴식.

trinken: 마시다.

träuen: 꿈을 꾸다.

selig: 복된, 행복한.

der Traum: 꿈.

가사 번역

노래의 날개 위에,

사랑하는 이여, 내 그대를 실어 나르오리,

저 갠지스강의 평원으로,

거기 너무도 아름다운 곳을 내가 알고 있다오.

거기에는 붉게 꽃 피는 정원이

고요한 달빛 아래 놓여 있고;

연꽃들이 다정한 자매를

기다리고 있다오.

연꽃들이 다정한 자매를

기다리고 있다오.

제비꽃들은 킬킬거리고 애무하며,

저 높이 별들을 바라보는데;

장미들은 은밀하게 귀에다 대고

향기로운 동화를 이야기 해 준답니다.

경건하고, 영리한 영양(羚羊)들이
이리저리 뛰놀면서 귀를 기울이고요;
먼 곳에서는
성스러운 강물결이 쏴쏴 소리 낸답니다.
그리고 먼 곳에서는
성스러운 강물결이 쏴쏴 소리 낸답니다.

우리 거기 야자나무 아래
함께 누워요,
그리고는 사랑과 평온을 마셔요
그리고는 행복한 꿈을 꾸어요,
행복한 꿈을.

노래 해설

이 노래는 독일의 작곡가 멘델스존 F. Mendelssohn이 지은 「노래의 날개 위에 Auf Flügeln des Gesanges」이다. 부드럽고 우아한 선율과 낭만적이며 서정적인 가사로 우리 나라에서 애창되고 있는 이 노래는 멘델스존이 지은 노래 중에서 가장 유명하고 대중화된 가곡이다. 멘델스존은 독일 시인 하인리히 하이네 Heinrich Heine의 시집 『노래의 책 Buch der Lieder』 가운데 「서정적 간주곡 Lyrisches Intermezzo」에서 가사를 취해 1835년(25살 때)에 이 노래를 작곡하였다. 멘델스존의 음악은 일관하여 품위 있고 행복감에 넘치는 것이 많은데, 이 가곡도 역시 기품이 있고 서정적인 향기가 높은 가곡이다.

작사자 소개

하인리히 하이네 Heinrich Heine: 이 책의 125-126쪽 참조!

작곡자 소개

멘델스존 Felix Mendelssohn(1809-1847):

독일의 작곡가. 할아버지는 독일의 소크라테스로 불린 계몽주의 철학자 M. 멘델스존이고, 아버지는 은행가 A. 멘델스존으로, 유태계 명문 출신이다. 함부르크에서 태어났으나 그곳이 프랑스군에게 점령되어 1811년에 가족과 함께 베를린으로 옮겨갔다. 어려서부터 음악, 미술, 문학에 천분을 발휘했고, 교양 있는 부모를 비롯해 베를린의 탁월한 예술가와 학자들의 지도를 받아 이례적으로 일찍 재능이 꽃피었다. 젊은 멘델스존의 사상에 큰 영향을 준 사람은 장 파울, 셰익스피어, 괴테이다.

1835년 라이프치히 게반트하우스 관현악단의 제5대 지휘자가 된 멘델스존은 그 도시의 음악을 일약 독일의 중심이 되는 수준까지 높였다. 그는 바흐 Bach를 비롯한 옛날 음악의 소개와 함께 같은 시대의 작품 연주에 헌신적인 노력을 아끼지 않았다. 그 자신은 직접 연주에 참가하지 않고 지휘봉만을 사용하는 근대 지휘법을 확립한 것도 그의 공적이다. 멘델스존은 라이프치히에 본거를 두면서도 뒤셀도르프, 런던, 베를린 등 각지에서 지휘자로서, 또 피아노와 오르간 명연주자로서 활약했다.

노래 부르기

이 노래 「노래의 날개 위에 Auf Flügeln des Gesanges」는 곡과 가사가 모두 참
으로 서정적이고 아름답다. 감미로운 노래 가사의 내용을 생각하면서, 안단테의
빠르기로 느리고 조용하게(tranquillo) 부르도록 하자.

37. Ständchen

세레나데

Text: Ludwig Rellstab
Melodie: F. Schubert

mit der Tö - ne sü - ßem Kla - gen fle - hen sie für
mich! Sie ver - steh'n des
Bu - sens Seh - nen, ken - nen Lie - bes - schmerz ken - nen Lie - bes -
schmerz? Rüh - ren mit den Sil - ber - tö - nen je - des wei - che
Herz, je - des wei - che Herz. Laß auch dir die Brust be -
we - gen Lieb - chen, hö - re mich, be - bend harr' ich
dir ent - ge - gen, Komm, be - glük - ke
mich, Komm, be - glük - ke mich, be -
glük - ke mich!

노래가사

Leise fliehen meine Lieder durch die Nacht zu dir;

in den stillen Hain hernieder,

Liebchen, komm zu mir!

Flüsternd schlanke Wipfel rauschen

in des Mondes Licht,

in des Mondes Licht;

des Verräters feindlich Lauschen

fürchte Holde nicht, fürchte Holde nicht.

Hörst die Nachtigallen schlagen?

Ach! Sie flehen dich,

mit der Töne süßem Klagen flehen sie für mich!

Sie versteh'n des Busens Sehnen,

kennen Liebesschmerz, kennen Liebesschmerz?

Rühren mit den Silbertönen jedes weiche Herz,

jedes weiche Herz.

Laß auch dir die Brust bewegen

Liebchen, höre mich,

bebend harr' ich dir entgegen,

Komm, beglücke mich,

Komm, beglücke mich,

beglücke mich!

어휘 및 문법

leise: 낮은 목소리의, 그윽한, 약한, 낮은 목소리로, 가볍게.

fliehen: 달아나다.

die Lieder: das Lied(노래, 가곡)의 복수형.

die Nacht: 밤.

still: 조용한, 고요한.

der Hain: 숲.

hernieder: (이쪽) 아래로, 밑으로.

das Liebchen: die Liebe에서 나온 축소명사. 귀여운 사람, 연인.

flüsternd: flüstern(속삭이다)의 현재분사형.

schlank: 가늘고 긴, 날씬한.

der Wipfel: 나무 꼭대기.

rauschen: 쏴쏴 소리를 내다.

das Licht: 빛, 밝기, 밝음, 광명, 광채.

der Verräter: 배반자, 반역자.

feindlich: 적의, 적국의.

das Lauschen: lauschen(귀를 기울이다)이 명사형으로 사용된 것임.

fürchte: fürchten(두려워하다, 무서워하다)의 명령형.

die Holde: 연인, 애인.

hörst: hören(듣다)의 2인칭 단수 현재형.

die Nachtigallen: die Nachtigall(나이팅게일)의 복수형.

schlagen: 치다, 때리다, 두드리다.

flehen: 간청, 탄원하다.

die Töne: der Ton(소리, 음향, 음색, 음조)의 복수형.

süß: 단, 맛있는, 맛 좋은.

die Klagen: die Klage(슬퍼함, 비탄)의 복수형.

verstehen: 이해하다.

der Busen: 가슴.

das Sehnen: sehnen(그리워하다)의 명사형. 동경.

kennen: 알(고 있)다, 인지하다.

der Liebesschmerz: 사랑의 고통.

rühren: 움직이다, 휘젓다, 감동케하다. 여기서는 rühren 앞에 Sie(Nachtigallen,
        나이팅게일)가 생략되었음.

weich: 연한, 부드러운.

die Silbertöne: der Silberton(은빛의 소리)의 복수형.

weich: 부드러운, 연(약)한.

das Herz: 심장, 가슴, 마음.

laß: lassen(…하도록 하다)의 2인칭 단수 명령형.

die Brust: 가슴, 유방.

bewegen: 움직이다, 감동시키다.

bebend: beben(떨다, 진동하다)의 현재분사형. 떨면서.

harr': harre의 준말. harren: 고대하다.

beglücke: beglücken(행복하게 하다, 기쁘게 하다)의 명령형. 행복하게 해 다오!

가사 번역

나지막이 나의 노래가 밤을 뚫고 그대에게로 달아납니다;

사랑하는 이여, 이쪽 고요한 숲 밑으로,

내게로 오세요!

달빛 아래,

달빛 아래,

가늘고 긴 나무 우듬지들이 속삭이면서 살살 소리냅니다;

사랑하는 이여, 적의에 찬 배반자가 엿들을까 하여

두려워하지 말아요, 사랑하는 이여 두려워하지 말아요.

나이팅게일이 지저귀는 소리가 들리나요?

아아! 나이팅게일은 당신에게 간청하고 있으니,

달콤한 비탄의 소리로 그들은 나를 위해 간청하는군요!

나이팅게일은 가슴속의 그리움을 이해하는가,

사랑의 고통을 아는가, 사랑의 고통을 아는가?

나이팅게일은 은빛 음색으로 모든 연약한 마음을,

연약한 마음을 뒤흔드는구나.

사랑하는 이여, 당신도 가슴을 움직여,

나의 간청을 들어주오,

나는 떨면서 당신을 향해 고대하고 있답니다.

어서, 나를 행복하게 해주오,

어서, 나를 행복하게 해주오,

나를 행복하게 해주오!

노래 해설

이 노래는 렐쉬타프 Ludwig Rellstab(1799-1860)의 시에 슈베르트 F. Schubert 가 곡을 붙인 「세레나데 Ständchen」로서, 슈베르트의 전 작품 중에서도 가장 유명한 노래다. 이 노래는 슈베르트의 가곡집 『백조의 노래 Schwanengesang』에 실려 있다. (예컨대 애인의 집 앞이나 창 밑에서) '서서 부르는 노래' 라는 뜻을 지닌 '세레나데' 는 16세기 이후 '저녁음악' 을 의미하는 음악 용어로서 '소야곡(小

夜曲)’ 이라고도 한다.

작사자 소개

루드비히 렐쉬타프 Ludwig Rellstab(1799-1860):

1826년에 베를린의 일간지 "포스 신문 Vossische Zeitung"사의 편집국장이자 음악평론가가 되었음. 1830년부터 1840년까지 자신의 음악 잡지 "붓꽃 Iris"를 발행했다. 베버 C. . von Weber, 티크 L. Tieck, 장 파울 Jean Paul, 괴테 Goethe, 아른트 E. . Arndt, 베토벤 Beethoven 등과 교제를 나누었던 렐쉬타프는 당시 가장 날카로운 음악평론가 중의 한 사람이었다. 그가 쓴 시 중 7개가 슈베르트에 의해 작곡이 되었다. 렐쉬타프는 슈베르트보다 2살 아래였으며, 그가 쓴 시 「세레나데 Ständchen」는 원래 베토벤이 작곡할 예정이었던 것이, 그의 사후에 슈베르트의 손으로 넘어왔다고 한다.

작곡자 소개

슈베르트 F. Schubert: 이 책의 113-114쪽 참조!

노래 부르기

이 노래, 슈베르트의 「세레나데 Ständchen」는 곡과 가사가 서정적으로 아름다운 조화를 이루고 있다. 가사의 내용을 생각하면서 중간 정도의 빠르기(모데라토)로 부르도록 하자.

슈베르트의 『백조의 노래 Schwanengesang』:

이 가곡집은 슈베르트 가곡의 총결산으로서, 『아름다운 물방앗간의 아가씨 Die schöne Müllerin』, 『겨울 나그네 Winterreise』와 함께 슈베르트의 3대 가곡집의 하나이다. 다만 앞의 두 작품이 내용에 일관성을 지닌 연가곡집인 데 반해, 이 가곡집은 1828년, 즉 생애의 마지막 해에 슈베르트가 작곡한 14개의 가곡(렐쉬타프 H. F. L. Rellstab(1799-1860)의 시 7곡, 하이네 6곡, 자이들 1곡)을 그가 죽은 후 빈의 출판업자 하슬링어 T. Haslinger(1787-1842)가 한데 모아 출판한 것이다. 따라서 이것은 슈베르트 자신이 엮은 가곡집이 아니며, "백조의 노래 Schwanengesang"라는 곡명도 하슬링거가 붙인 제목이다.

전설에 따르면 백조는 보통 때는 소리 한 번 지르지 않고 조용히 헤엄만 치다가, 죽을 때 꼭 한 번 아름다운 소리로 울고는 죽는다고 한다. 이러한 전설로부터 연유하여 하슬링어는 슈베르트의 마지막 가곡집으로서 "백조의 노래"라는 제목을 붙인 것이다.

슈베르트 Schubert와 하이네 Heine:

슈베르트의 관심이 하이네에게 쏠린 것은 1828년 1월 중순에 그의 친구 쇼버 Schober의 집에 모임이 있어, 그 자리에서 하이네의 시집 『노래의 책 Buch der Lieder』이 낭독되고부터 라고 한다. 하이네는 괴테에 버금가는 독일의 대시인이며 슈베르트와 동갑이다. 하이네의 시는 멘델스존, 슈만, 브람스, R. 스트라우스 등 많은 작곡가에 의해 작곡되었다. 슈베르트가 하이네의 시에 작곡한 노래는 이 가곡집 『백조의 노래』에 있는 6곡이 전부이다. 슈베르트가 채택한 시는 그 『노래의 책』에 수록된 「귀향 Die Heimkehr」편에서 뽑은 것이다.

38. Ave Maria

아베 마리아

Text: Walter Scott
Melodie: F. Schubert

노래가사

Ave Maria! Jungfrau mild,

erhöre einer Jungfrau Flehen,

aus diesem Felsen, starr und wild,

soll mein Gebet zu dir hin wehen.

Wir schlafen sicher bis zum Morgen,

ob Menschen noch so grausam sind.

O Jungfrau, sich der Jungfrau Sorgen,

o Mutter, hör' ein bittend Kind!

Ave Maria!

어휘 및 문법

das Ave Maria: 아베 마리아(성모께 드리는 기도).

die Jungfrau: 아가씨, 소녀, 처녀.

mild: 온화한, 부드러운.

erhöre: erhören(듣다)의 2인칭 단수 명령형. 들어줘(요)!

das Flehen: flehen(탄원, 간청하다)의 명사형으로 쓰인 것임.

der Felsen: 바위, 암석.

starr: 단단한, 딱딱한, 고정된.

wild: 야생의, 야만의, 사나운.

das Gebet: 기도.

zu dir hin: 너에게로, 그대에게로, 당신에게로.

wehen: 바람이 불다, 휘날리다.

schlafen: 잠자다.

sicher: 안전한, 확실한.

bis zum Morgen: 아침까지.

ob: 여기서는 obwohl(…할지라도)의 뜻으로 쓰인 것임.

die Menschen: der Mensch(사람, 인간)의 복수형.

grausam: 무서운, 지독한, 잔인한.

die Sorgen: die Sorge(근심, 걱정)의 복수형.

die Mutter: 어머니.

hör': höre의 준말. hören(듣다)의 명령형. 들어주소서!

bittend: bitten(청하다, 부탁하다)의 현재분사형. 간청하는. 여기에서 원래는
　　　　문법적으로 볼 때 bittendes가 되어야 함.

das Kind: 자식, 아이, 어린애, 자손.

가사 번역

아베 마리아! 온유한 동정녀시여,

소녀의 간청을 들어주소서,

저의 기도는 딱딱하고 거친, 이 바위로부터

당신을 향해 날아가야만 하나이다.

사람들이 아직 그토록 잔인하지만,

우리는 아침이 될 때까지 편안히 잠을 잡니다.

오 동정녀시여, 이 소녀의 근심을,

오 어머니시여, 간청하는 아이의 기도를 들어주소서!

아베 마리아!

노래 해설

　이 노래는 슈베르트 F. Schubert의 「아베 마리아 Ave Maria」이다. 이 노래의 가사는 영국의 시인 월터 스코트 Walter Scott(1771-1832)가 쓴 장편 서사시 「호상 (湖上)의 미인」에서 취한 것인데, 독일어 번역은 아담 쉬토르크 AdamStorg가 한 것이다. 시의 내용은 더글러스의 공주 엘렌이 호숫가 바위 위에서 성모상(聖母像) 앞에 엎드려 아버지의 죄를 용서해 달라고 기도하는 것으로 되어 있다.

　"아베 마리아 Ave Maria"의 '아베 Ave' 는 '찬송하다' , '기리다' 라는 뜻이다. 보통 「아베 마리아」의 가사는 가톨릭 교회 경전에 실려 있는 라틴어 경문(經文)이 그대로 쓰이는데, 스코트는 그와는 다르게 시를 썼었다. 슈베르트는 "이 곡을 지을 때, 특별히 종교적인 곡을 쓰려 한 것은 아니다. 나 자신보다 힘센 그 무엇에 감동되어 써내려 갔을 뿐이다" 라고 말하고 있다.

　하프의 음향을 본딴 반주에 실려 노래되는 경건한 선율은 매우 종교적인 장엄한 아름다움을 담고 있다. 구노의 「아베 마리아」와 더불어 널리 애창되고 있는 명곡이다. 작곡된 당시도 아주 인기가 있어 슈베르트 자신도 즐겨 불렀다고 한다.

작곡자 소개

　슈베르트 F. Schubert: 이 책의 115-116쪽 참조!

노래 부르기

　이 노래, 슈베르트의 「아베 마리아 Ave Maria」는 물결처럼 진행되는 아름다운 선율을 살려, "아주 느리게 "(sehr langsam) 부르도록 하자.

참고 문헌

학원세계대백과사전. 서울(학원출판공사) 1993.

Brockhaus Enzyklopädie in zwanzig Bänden. 17. völlig neubearbeitete Aufl. des großen Brockhaus. Wiesbaden 1970.

초, 중, 고등학교 각종 음악 교과서.

김청자 역시(譯詩): 슈베르트 200 가곡집. 서울(태림출판사) 1985.

박연규: 음악독일어. 서울(지식산업사) 1990.

세광출판사 편집국: 세계애창명가곡집. 서울(세광출판사) 1983.

오픈해설찬송가 편찬위원회 편: 해설찬송가. 서울(아가페 출판사) 1991.

조홍근 편: 세계명곡해설대전집. 제1권, 제3권. 서울(진현서관) 1980.

Bruder Singer. Volksliederbuch, Melodieausgabe. Kassel 1974.

Goethe-Institut(Hrsg.): Primärschulmaterialien. Baustein Lieder. Wenn der Topp aber nun'n Loch hat. Materialien zu Einsatz von Kinderliedern. München 1997.

Hansen, Walter(Hrsg.): Das große Hausbuch der Volkslieder. München 1978.

Kind, Uwe: Eine Kleine Deutschmusik. Learning German Through Familiar Tunes. New York, Berlin, München(Langenscheidt) 1983.

Knorr, Ernst-Lothar von(Hrsg.): Deutsche Volkslieder. 168 Volkslieder und volkstümliche Lieder. Stuttgart(Reclam) 1998.

Korth, Michael(Hrsg.): Das Liederbuch. Kassel, Basel 1988.

Kröher, Oss: Liederreise. 77 deutsche Lieder. 1. Aufl. München 1984.

Lloyd, Norman: Großes Lexikon der Musik. Überarbeitete 3. Aufl. München 1987.

Pascal, Petra: Volksmusik. 4. Aufl. Bonn 1994.

Skudlik, Sabine: Das Wunderhorn. Eine Volksliedanthologie. 1. Aufl. Bonn 1991.

Volkslieder. 32 ausgewählte Lieder. Kassel 1971.

Weber-Kellermann, Ingeborg: Das Buch der Weihnachtslieder. Mainz, London, New York, Tokyo 1982.

지은이 소개

정 경 량

1955년 전주 출생.

목원대학교 독어독문학과 교수.

한국방송공사(KBS) 독일어 해외방송 아나운서 겸 PD

서강대 독문과 졸업, 서강대 대학원 문학석사.

서강대 대학원 박사과정 수료

독일 뮌헨대학교 독문학박사.

목원대학교 인문대학장 역임.

독일 학술 교류처(DAAD) 연구 교수.

독일 훔볼트 재단 연구 교수.

독일 아우그스부르크 대학교 초빙교수

캐나다 맥길대학교 초빙교수

지은책

『헤세와 신비주의』, 한국문화사 1997.

『한국문학 속의 세계문학』(공저), 규장각 1998.

『노래로 배우는 독일어』, 목원대학교출판부 1998.

『성경으로 배우는 독일어 』, 문예림 2001 .

『한국의 독일문학 수용100년』(공저) , 한신대학교 출판부 2001.

논문

괴테의 『젊은 베르테르의 슬픔』에 나타난 사랑과 종교.

헤르만 헤세의 초기작품에 나타난 낭만주의적 요소.

헤르만 헤세의 초기 종교시.

헤르만 헤세의 중기 및 후기 종교시.

한독 현대 기독교 문학 비교연구. - 하인리히 뵐과 김지하를 예로 들어 -

독일 낭만주의 문학의 수용과 그 한국적 변용.

노발리스의 『밤의 찬가』와 『성가』에 나타난 종교성.

서구문학의 수용과 그 한국적 변용. - 헤르만 헤세 문학의 경우 -

한독 현대 기독교 문학에 나타난 예수상 비교 연구. - 하인리히 뵐과 김지하를
　　　중심으로 -

노발리스의 사랑과 종교

헤르만 헤세와 기독교

노래로 배우는 독일어 수업

헤세의 『데미안』과 융의 종교심리학

헤세의 『데미안』에 나타난 기독교와 신비주의

시와 노래를 이용한 외국 어문학 수업

괴테의 시와 음악

음악을 이용한 독일어 및 독시 수업

헤르만 헤세의 시에 나타난 동양의 종교 사상

헤르만 헤세의 초기 문학과 신비주의 등

E-Mail : kycheong@mokwon.ac.kr

Homepage : http : //myhome.mokwon.ac.kr/kyc